Elizabeth C. Prophet
& Mark L. Prophet

Die Kraft des göttlichen Willens

WEISHEITSLEHREN DER MEISTER

DIE KRAFT DES GÖTTLICHEN WILLENS

ELIZABETH CLARE PROPHET

und MARK L. PROPHET

Aus dem Englischen von Manfred Miethe

SILBERSCHNUR

MIX
Papier aus verantwortungsvollen Quellen
FSC® C014138
www.fsc.org

Dieses Buch wurde ursprünglich auf Englisch als Teil des Werkes *Meeting the Masters* herausgegeben und in den USA publiziert.

Originaltitel: Sacred Adventure Series 2: Meeting the Masters, Chapter 2, »The Strength of Divine Will«, by Elizabeth Clare Prophet and Mark L. Prophet with Summit University Staff.

Summit University Press, 63 Summit Way, Gardiner, Montana 59030 U.S.A.
Tel: +1-406-848-9500 · Fax: +1-406-848-9555
www.SummitUniversityPress.com · E-Mail: Info@SummitUniversityPress.com

ISBN: 987-3-89845-356-1

1. Auflage 2012

Übersetzung: Manfred Miethe
Gestaltung & Satz: XPresentation, Güllesheim
Umschlaggestaltung: XPresentation, Güllesheim; unter Verwendung des Motivs #26953742, www.fotolia.com
Druck: Finidr, s.r.o. Cesky Tesin

Verlag »Die Silberschnur« GmbH · Steinstraße 1 · 56593 Güllesheim
www.silberschnur.de · E-Mail: info@silberschnur.de

Inhalt

1.

Die Weisheitslehren der Meister: Die eigene Ausrichtung vervollkommnen

Die sieben Strahlen sind Schwingungsfrequenzen spiritueller Lichtenergie, die wir auf Erden in den Farben des Regenbogens widergespiegelt sehen. Wir müssen alle sieben Strahlen in ausreichendem Maße gemeistert haben, damit wir uns mit unserem Höheren Selbst vereinigen und unseren Aufstieg bewerkstelligen können. Und ob wir uns dessen nun gewahr sind oder

Als Regenbogen sichtbar gemachte Lichtenergie

nicht, so streben wir doch alle danach, uns auf einem dieser Strahlen zu vervollkommnen. Tatsächlich muss jeder von uns einen Haupt- und einen Nebenstrahl meistern, die in den göttlichen Plan für uns eingebunden sind. Diese persönlichen Besonderheiten zeigen sich in der Art und Weise, wie wir die Energie der sieben Strahlen einsetzen, um unser Leben und die Welt um uns herum mit göttlichen Eigenschaften anzureichern. Die für jeden von uns einzigartige Verwirklichung auf diesen Strahlen offenbart sich auch in unserer Aura und in unserem Kausalkörper.

In Bezug auf den spirituellen Weg haben uns die Aufgestiegenen Meister gesagt, dass wir am Anfang beginnen und den ersten Schritt machen sollen. Im Hinblick auf die sieben Strahlen bedeutet das, dass wir mit dem ersten Strahl beginnen müssen, da ein gewisser Verwirklichungsgrad auf dem ersten Strahl nötig ist, bevor wir die anderen sechs Strahlen erfolgreich meistern können. Die Schwingungsfrequenz des ersten Strahls wird als ein prachtvolles, leuchtendes Blau wahrgenommen. Seine machtvolle Energie verleiht uns jene Dynamik, dank der wir unseren göttlichen Plan in physische Realität umsetzen können. Indem wir uns auf die Schwingung des ersten Strahls einstimmen, lernen wir, uns dem göttlichen Willen hinzugeben und dadurch unseren göttlichen Plan effizienter zu verwirklichen. Wir müssen zum blauen Himmelszelt über uns hinaufschauen, um uns daran zu erinnern, dass die

Macht des himmlischen Willens immer gegenwärtig ist, um uns bei diesem Unterfangen zu unterstützen.

Die Energie des ersten Strahls konzentriert sich im Kehl-Chakra, dem Kraftzentrum unseres geistigen Wesens. Wir können lernen, auf die richtige Art und Weise mit dieser Energie umzugehen, indem wir die Unterweisung des Chohans des ersten Strahls, des Aufgestiegenen Meisters El Morya, suchen, der das brillante Beispiel eines Wesens darstellt, das die Eigenschaften des blauen Strahls im Verlauf vieler Leben gemeistert hat.

Eigenschaften des ersten Strahls

Der erste Strahl liefert die Energie, die einen Menschen dazu motiviert, sich ein Ziel zu setzen, und die seinen Anstrengungen, dieses Ziel zu erreichen, zugrunde liegt. Sie gewährt uns die Kraft und die Entschlossenheit, die notwendig sind, um eine Aufgabe zu bewerkstelligen oder einen Traum zu verfolgen, bis er Wirklichkeit geworden ist. Der erste Strahl bringt die Seele zudem in die notwendige Übereinstimmung mit dem göttlichen Willen, damit sie auf ihrem Hauptstrahl siegreich sein möge.

Die Sphären des Kausalkörpers bestehen aus konzentrischen Ringen der sieben Strahlen. Die äußerste, neonblaue Sphäre beinhaltet alle positiven Eigenschaften des ersten Strahls, welche die Seele im Verlauf vieler Leben entwickelt hat. Dieses blaue Band stellt das Ergebnis des korrekten Gebrauchs der Seelenenergie im Kehl-Chakra, dem Machtzentrum, dar. Wie bei jedem Chakra

ICH-BIN-Gegenwart und Kausalkörper

kann die Energie des ersten Strahls richtig oder falsch, positiv wie negativ genutzt werden. Die folgende Tabelle zeigt einige der positiven und »negativen« Ausprägungen dieses Strahls. Diese Eigenschaften werden nachfolgend genauer erklärt.

Positive Eigenschaften des ersten Strahls:

- Macht
- göttlicher Wille
- Glaube
- Wohlwollen
- Führungsqualitäten
- Gehorsam
- Schutz
- Vollkommenheit

Eigenschaften eines unentwickelten ersten Strahls:

- Machtmissbrauch
- das eigene Ego über den göttlichen Willen stellen
- Zweifel
- Desinteresse gegenüber den Bedürfnissen anderer
- Angst oder Feigheit

- Gesetze brechen oder nicht auf die Stimme des Gewissens hören
- Weigerung, sich selbst oder seine Familie zu beschützen
- sich mit dem Mittelmaß zufrieden geben

Macht ist die Antriebskraft, die einem Menschen den notwendigen Schwung gibt, um ein Vorhaben zu verwirklichen. Der Schlüssel zum rechten Gebrauch von Macht oder Autorität besteht darin, unseren menschlichen Willen in Übereinstimmung mit dem Willen Gottes zu bringen. Ein Beispiel für den rechten Gebrauch der Macht zeigt sich, wenn ein Arbeitskollege zwar Anerkennung für die in der Gruppe geleistete Arbeit bekommen möchte, aber stattdessen die Anerkennung mit den anderen teilt. Oder wenn sich ein Geschäftsmann versucht fühlt, seine Kunden zu betrügen, sich aber dafür entscheidet, ihnen ein faires Angebot zu unterbreiten. Machtmissbrauch kann häufig in den Handlungen von Individuen in der Politik oder großen Organisationen beobachtet werden. Über einige von ihnen wird in den Nachrichten berichtet - zum Beispiel wenn Gelder zweckentfremdet werden oder politische Intrigen ans Licht kommen. Machtmissbrauch kann sich aber auch in unserem persönlichen Leben zeigen, wenn jemand herrisch oder diktatorisch auftritt oder jemanden verbal oder physisch missbraucht. Um in einer beliebigen Situation auf dem rechten Pfad zu bleiben, können wir uns fragen: »Gebrauche ich meine Macht so, wie Gott es tun würde?«

Göttlicher Wille ist die Energie, die jedem Menschen die perfekte Führung gewährt. Wenn man sich an diesem Willen ausrichtet, bedeutet das, in Harmonie mit dem eigenen göttlichen Bauplan zu sein, was zu wahrer Freiheit der Seele führt. Eine Möglichkeit, sich

> Ein General kann seiner Armee entrissen werden, aber der Wille kann auch dem niedrigsten Menschen nicht genommen werden.[1]
>
> Konfuzius

auf den Willen Gottes einzustimmen, besteht darin, der inneren Führung des Höheren Selbst zu folgen und den menschlichen Willen dem göttlichen Willen unterzuordnen. Jesus Christus gab das perfekte Beispiel für die Hingabe an den Willen Gottes, als er im Garten Getsemani sagte: »Abba, mein Vater, es ist dir alles möglich; überhebe mich dieses Kelchs; doch nicht, was ich will, sondern was du willst!«[2] Sich dem göttlichen Willen zu widersetzen, bedeutet, sich dafür zu entscheiden, dem menschlichen Willen zu folgen, ohne zu wissen oder infrage zu stellen, ob sich dessen Bedürfnisse im Einklang mit dem eigenen göttlichen Plan befinden. Es ist daher immer gut, jeden Plan und jede Handlung dem Willen Gottes zu unterwerfen und ihn zu bitten, die eigenen Pläne so lange umzuformen, bis sie in den Augen des Höheren Selbst perfekt sind.

Glaube ist jene Energie, die einem Menschen die Kraft zum Weitermachen gibt, auch wenn er nicht erkennen kann, wie sich das gewünschte Ergebnis einstellen soll und welche Konsequenzen es haben wird. Wir können den Heiligen Geist um die Gabe des Glaubens bitten, wenn wir das Gefühl haben, wir bräuchten mehr davon. Fehlender Glaube kann sich zum Beispiel folgendermaßen zeigen:

- Die Gegenwart der Liebe Gottes in seinem Leben in Zweifel ziehen.

- Fehlendes Vertrauen darin, dass der Schöpfer unsere Gebete hört und beantwortet.
- Zweifel an der eigenen Göttlichkeit.
- Ausschließliche Identifizierung mit allem Menschlichen und dem menschlichen Bewusstsein.

Wohlwollen ist Ausdruck eines gütigen Interesses an unseren Mitmenschen oder unsere Sorge für sie. Die Handlungen des guten Samariters fallen in diese Kategorie. Wir beweisen Wohlwollen, wann immer wir für Bedürftige sorgen, so zum Beispiel wenn wir einem Fremden helfen, einen Reifen zu wechseln, oder einem kranken Nachbarn Essen bringen. Wohlwollen zeigt sich auch, wenn wir das Beste in anderen Menschen sehen und uns dementsprechend verhalten. Der Missbrauch dieser Energie zeigt sich, wenn wir nicht bereit sind, anderen zu helfen, wenn wir abwertende

Gedanken hegen oder aussprechen oder uns über das Unglück anderer freuen.

Der Begriff **Führungsqualität** bezeichnet die Fähigkeit, andere in großen oder kleinen Dingen anzuleiten. Das reicht von der Fähigkeit, den Mut aufzubringen, im Interesse einer gerechten Sache den Mund aufzumachen, über die Befähigung, die eigene Familie anzuleiten, bis zur Übernahme der Regierungsverantwortung für ein ganzes Land. Wahre Führungsqualitäten beinhalten immer die Bereitschaft, anderen zu dienen und ihre Begabungen und Talente zu fördern. Die besten Führer sind demütig, weil sie erkannt haben, dass das Höhere Selbst der wahre Führer von uns allen ist.

Ein gutes Beispiel für wahre Führungsqualität ist Mutter Teresa, eine starke Führungspersönlichkeit, die in ihrer Fürsorge für die Armen, Kranken und Sterbenden stets bescheiden und zurückhaltend blieb und doch mutig genug war, sich vor Staatsoberhäupter zu stellen und sie wegen ihres fehlenden Engagements für das ungeborene Leben zu tadeln. Mangelnde Führungsqualitäten können sich als Ängstlichkeit oder Feigheit zeigen. Manchmal nimmt eine solche Angst extreme Formen an, aber häufiger zeigt sie sich in geringerem Ausmaß. Eine typische Ausdrucksform ist die Furcht, sich aus Angst vor Repressalien oder Liebesentzug im Interesse der Wahrheit zu äußern.

Gehorsam bedeutet sowohl, dem inneren Gesetz unseres Wesens treu zu bleiben und dem inneren Ratschlag unseres Höheren Selbst zu folgen, als auch moralische oder gesetzliche Richtlinien, Regeln und Gesetze zu befolgen. Dazu gehört auch, dem Kaiser (der Regierung) das zu geben, was des Kaisers ist, und Gott das, was Gottes ist.[3] Ungehorsam bezeichnet nicht nur das radikale Widersetzen gegen Au-

> Dies über alles:
> Sei dir selbst treu.[4]
>
> Shakespeare

toritäten oder das Missachten von Vorschriften wie Ausgehverboten oder Verkehrsregeln, er kann durchaus subtile Formen annehmen und sich zum Beispiel darin zeigen, dass man sich weigert, auf die ruhige innere Stimme des Gewissens zu hören, welche die Stimme des Höheren Selbst ist.

Schutz bezeichnet die Handlung des Beschützens oder Behütens. Wir können diese Art von Schutz darin erkennen, wie eine Mutter ihre Arme um ihr Kind legt; wir sprechen von Schutz, wenn Menschen aus einem brennenden Gebäude gerettet werden oder wenn ein Land gegen Invasoren verteidigt wird. Die

Schwingungsfrequenz des ersten Strahls bietet uns einen hervorragenden Schutz, und seine machtvolle Energie kann unsere vier niederen Körper vor spirituellen, mentalen, emotionalen und physischen Schäden bewahren. Aus diesem Grund rufen wir die Gegenwart von Erzengel Michael, El Morya und anderen Aufgestiegenen Meistern und kosmischen Wesen an, die auf dem blauen Strahl dienen. Der Missbrauch dieser Energie offenbart sich, wenn man sich selbst oder seine Lieben nicht vor Gefahren schützt, wenn die Notwendigkeit besteht. Er kann sich aber auch als allgemeine Vernachlässigung manifestieren - zum Beispiel wenn alkoholsüchtige Eltern die Bedürfnisse ihrer Kinder vernachlässigen.

Vollkommenheit kann als das Streben nach höchster Kompetenz definiert werden. Da menschliche Vollkommenheit nicht erreichbar ist, spiegelt das Streben danach den Wunsch der Seele wider, die Vollkommenheit des Höheren Selbst zu manifestieren. Eine derartige Vollkommenheit kann sich tatsächlich einige Augenblicke, Stunden oder Tage in einem Individuum offenbaren, bevor es schließlich mit diesem Selbst vereint ist. Wir können auch die Aufgestiegenen Meister anrufen und sie bitten, ihre Meisterung des ersten Strahls auf uns zu übertragen, bis unsere Seele schließlich die vollkommene Vereinigung mit dem Höheren Selbst erlangt hat. Die negative Eigenschaft der Unvollkommenheit zeigt sich im täglichen Leben, wenn man sich mit dem Mittelmaß zufrieden gibt oder weniger von sich verlangt, als man zu tun imstande ist.

Das Licht im eigenen Machtzentrum meistern

Das Kehl-Chakra ist das spirituelle Machtzentrum des Körpers. Wenn man dieses Energiezentrum richtig nutzt, wird das Licht, das aus der ICH-BIN-Gegenwart zu uns strömt, mit einer strahlend blauen Farbe angereichert. Da das Kehl-Chakra in enger Verbindung mit den Sprechorganen steht, wird sich die Art und Weise des Sprechens auf die Frequenz und die Farbe dieses spirituellen Zentrums auswirken. Sie können die folgende Übung ausführen, um die Verbindung zwischen dem Hals und dem Kehl-Chakra zu spüren.

Übung:

Die Aktivität des Kehl-Chakras wahrnehmen

1. Stellen Sie sich Ihr Kehl-Chakra vor, während Sie eine Hand auf Ihren Hals legen.

Kehl-Chakra

2. Spüren Sie, wie die physische Kehle vibriert, während Sie die Worte »ICH BIN Gottes Wille« sprechen. Während Ihre Kehle vibriert, pulsiert Ihr Kehl-Chakra gleichzeitig auf einer hohen Frequenz und strahlt seine Schwingung nach außen ab.

3. Sagen Sie nun noch einmal »ICH BIN Gottes Wille«, und stellen Sie sich vor, wie sich das reine blaue Licht der göttlichen Energie vom Zentrum Ihres Kehl-Chakras aus in alle Richtungen ausbreitet. Das geschieht tat-

sächlich! Indem Sie diese Worte sprechen, haben Sie nicht nur Ihre Kehle benutzt, sondern auch Ihr Kehl-Chakra auf positive Weise aktiviert.

Rechte Rede praktizieren

Das Licht strömt von der ICH-BIN-Gegenwart über die Kristallschnur ins Herz-Chakra hinab, von wo aus es zu den anderen Chakras geleitet wird, und die Chakras versorgen dann die vier niederen Körper mit Lebenskraft. Dieses Licht von der ICH-BIN-Gegenwart strömt als reine, neutrale Energie herab. Ihre Eigenschaften werden dadurch bestimmt, wie wir sie gebrauchen. Wir bestimmen die Qualität des Kehl-Chakras durch die Art und Weise unserer Rede, indem wir also richtig oder falsch sprechen, wird das Licht richtig oder falsch programmiert. Der richtige Gebrauch dieser Energie erzeugt gutes Karma, und spirituelles Licht steigt in den blauen Licht-

> Eine heilsame Zunge ist
> ein Baum des Lebens;
> aber eine lügenhafte
> macht Herzeleid.[5]

ring des Kausalkörpers auf. Falscher Gebrauch verschmutzt das Kehl-Chakra und erzeugt negatives Karma, das dann umgewandelt werden muss. Wenn wir die Energie des Kehl-Chakras auf positive Weise gebrauchen, stärken wir auch andere und haben zudem selbst einen eindeutigen Nutzen. Es fällt leicht, sich an die positive Wirkung zu erinnern, die es hat, wenn man etwas Gutes über einen anderen sagt, Worte voller Güte spricht oder die Bemühungen oder Erfolge eines anderen Menschen lobt. Ermutigung und verbale Unterstützung sowie liebevolle, konstruktive Kritik fallen ebenfalls unter den rechten Gebrauch der Energie des ersten Strahls. Zu anderen positiven Arten, das Kehl-Chakra zu gebrauchen, zählen: die Wahrheit sagen, sein Wort halten, einen angenehmen Tonfall und Kontrolle über seine Worte und Sprachmuster haben.

In seiner letzten Verkörperung (von zirka 563 bis zirka 483 vor Christus) lehrte Gautama Buddha, dass man durch die Vermeidung der Extreme Maßlosigkeit und Selbstkasteiung das Wissen um den achtfachen Pfad[6] erlangt, der letzten Endes zur Erleuchtung führt. Das dritte Gebot des achtfachen Pfades ist die rechte Rede.

Elizabeth Clare Prophet hat dargelegt, dass »rechte Rede« als rechter Gebrauch des Kehl-Chakras definiert werden kann. Rechte Rede hat aber auch mit dem Herz-Chakra und dem dritten (rosafarbenen) Strahl der Liebe Gottes zu tun. Sie sagte, wir könnten die rechte Rede nur meistern, wenn wir lieben. Daher ist Liebe die Quelle der rechten Rede. Wir streben die rechte Rede an, indem wir die Energien des Herzens nach oben leiten und sie durch das Kehl-Chakra freisetzen.

Kehl-Chakra

Wie der Aufgestiegene Meister Gautama streben wir danach, »Barmherzige« zu werden, und bemühen uns, stets den Fluss der Energie zu schützen, indem wir unsere Stimme so modulieren, dass sie Trost spendet, und indem wir keinem Teil des Lebens mit Härte begegnen.

MEDITATION:
DAS KEHL-CHAKRA AUSDEHNEN

Die folgende Meditation kann Ihnen helfen, die positiven Eigenschaften des ersten Strahls in Ihrer Welt zu verstärken, da die Anwendung der Wissenschaft des gesprochenen Wortes eine machtvolle Möglichkeit darstellt, konstruktive Energie durch das Kehl-Chakra zu verankern. Jedem der sieben Chakras wird eine Keimsilbe, Bija, zugeordnet, die seine Essenz repräsentiert. Die Keimsilbe entspricht der Wellenlänge oder Schwingung des inneren Chakra-Kerns, und wenn man sie intoniert, kann daraus eine machtvolle Wirkung entstehen. Wir behandeln hier das Bija-Mantra für das Kehl-Chakra.

1. Stellen Sie sich Ihr Kehl-Chakra vor Ihrem Hals vor. Sie können dazu auch eine Hand auf den Hals legen. Visualisieren Sie, dass Ihr Kehl-Chakra dort wie eine vibrierende blaue Blume mit 16 strahlenden Blütenblättern pulsiert.

2. Das Intonieren des Bija-Mantras *So Hu* dehnt das Licht in Ihrem Kehl-Chakra aus. Während Sie *So Hu* singen, visualisieren Sie,

dass neonblaues Licht Ihr Kehl-Chakra erfüllt. Stellen Sie sich vor, wie es in Ihren Körper strömt und Ihre gesamte Aura sättigt. Singen Sie dieses Mantra etwa eine Minute lang.

SO HU

3. Richten Sie Ihre Aufmerksamkeit auf Ihr Herz, bis Sie sich zentriert fühlen. Rezitieren Sie das folgende Dekret, um das blaue Licht in Ihren vier niederen Körpern zu verankern:

ICH BIN Gottes Wille.

Im Namen der geliebten, machtvollen und siegreichen Gegenwart Gottes, ICH BIN in mir, und meines geliebten heiligen Christus-Selbst, rufe ich das Herz von Gottes Willen in der großen Zentralsonne, die geliebten Erzengel Michael und Faith (Glaube), den geliebten El Morya, die geliebten Mächtigen

Herkules und Amazonia an und bitte sie, die Flamme von Gottes Willen in meinen vier niederen Körpern anzufachen und auf diesen meinen Ruf ewiglich, gegenwärtig und für immer zu antworten:

ICH BIN Gottes Wille, offenbart überall.
ICH BIN Gottes Wille, unvergleichlich vollkommen.
ICH BIN Gottes Wille, so wunderschön und rein.
ICH BIN Gottes williger Großmut überall.

Refrain:
Komm, komm, komm, oh blauflammiger Wille – so wahrhaftig,
mache und erhalte mich stets so strahlend wie du.
Blauflammiger Wille lebendiger Wahrheit,
wohlwollende Flamme ewiger Jugend,
offenbare, offenbare, offenbare dich jetzt in mir!

ICH BIN Gottes Wille, der völlig die Führung übernimmt.
ICH BIN Gottes Wille, der allen Verständnis verschafft.
ICH BIN Gottes Wille, der die höchste Macht hat.
ICH BIN Gottes Wille, der den Traum des Himmels erfüllt.

ICH BIN Gottes Wille, der hier schützt und segnet.
ICH BIN Gottes Wille, der alle Furcht nun verjagt.
ICH BIN Gottes Wille, der hier die Taten gut vollbringt.
ICH BIN Gottes Wille, der für jeden den Sieg bereithält.

ICH BIN der blaue Blitz, der die Freiheitsliebe aufleuchten lässt.
ICH BIN die Kraft des blauen Blitzes aus den Höhen.

ICH BIN der blaue Blitz, der alle Menschen befreit.
ICH BIN die Kraft der blauen Flamme, die das Gute durch mich strömen lässt.

Und in vollem Glauben akzeptiere ich ganz bewusst, dass sich dies genau hier und jetzt in voller Kraft manifestiert, manifestiert, manifestiert (drei Mal), dass es ewiglich erhalten wird, allmächtig aktiv ist, sich ständig ausdehnt und alle Welten umfasst, bis alle vollkommen ins Licht aufgestiegen und frei sind! Geliebter ICH BIN, geliebter ICH BIN, geliebter ICH BIN!

I AM God's Will
In the name of the beloved mighty victorious Presence of God, I AM in me, and my very own beloved Holy Christ Self, I call to the heart of the will of God in the Great Central Sun, beloved Archangel Michael and Faith, beloved

El Morya, beloved mighty Hercules and Amazonia, to fan the flame of the will of God throughout my four lower bodies and answer this my call infinitely, presently and forever:

I AM God's will manifest everywhere,
I AM God's will perfect beyond compare,
I AM God's will so beautiful and fair,
I AM God's willing bounty everywhere.

Refrain:
Come, come, come, O blue-flame will so true,
Make and keep me ever radiant like you.
Blue-flame will of living truth,
Good will flame of eternal youth,
Manifest, manifest, manifest in me now!

I AM God's will now taking full command,
I AM God's will making all to understand,
I AM God's will whose power is supreme,
I AM God's will fulfilling heaven's dream.

I AM God's will protecting, blessing here,
I AM God's will now casting out all fear,
I AM God's will in action here well done,
I AM God's will with victory for each one.

I AM blue lightning flashing freedom's love,
I AM blue lightning power from above,
I AM blue lightning setting all men free,
I AM blue-flame power flowing good through me.

And in full faith I consciously accept this manifest, manifest, manifest! (3x) right here and now with full power, eternally sustained, all-powerfully active, ever expanding and world enfolding until all are wholly ascended in the light and free! Beloved I AM! Beloved I AM! Beloved I AM!

4. Beschließen Sie Ihre Sitzung, indem Sie AUM singen.

5. Wiederholen Sie dieses Mantra in der kommenden Woche täglich, um sich auf die Energie des ersten Strahls einzustimmen.

6. Schreiben Sie Ihre Eindrücke in Ihr Tagebuch.

Sich positiv äußern

Manchmal benutzen Menschen die Energie des Kehl-Chakras auf falsche Weise. Mensch sein beinhaltet ja den freien Willen und damit die Möglichkeit, Fehler zu machen. Man gebraucht das Kehl-Chakra falsch, wenn man unangemessen redet. Wie Jesus Christus sagte: »Was zum Munde eingeht, das verunreinigt den Menschen nicht, sondern was zum Munde ausgeht, das verunreinigt den Menschen.«[7]

Wenn man um den falschen Gebrauch dieses Chakras weiß, ist es leichter, sich auf positive Weise zu äußern. Statt in negative Gewohnheiten zu verfallen, können wir unsere Sprachmuster beobachten und die notwendigen Anpassungen vornehmen. Einige Beispiele des negativen Gebrauchs des Kehl-Chakras sind:

- Klatsch und Tratsch
- Verleumdung
- Lügen oder Halbwahrheiten äußern
- Herumschreien
- anderen die Schuld geben oder sie verurteilen
- Fluchen
- andere verbal dominieren
- andere unterbrechen

Abgesehen von diesen Beispielen kann es auch vorkommen, dass wir Worte des Trostes, der Güte oder Liebe zurückhalten. Diese verpassten Gelegenheiten zeigen ebenfalls eine mangelhafte Meisterung des Kehl-Chakras, da sich wahre Meisterschaft darin zeigt, dass man leichte, positive Energie immer dann gibt, wenn sie gebraucht wird oder wenn sie hilfreich sein könnte. Gelegentlich mag eine alte innere Wunde oder eine karmische Situation jemanden davon abhalten, etwas von sich zu geben. Wenn wir derartige Situationen aufmerksam beobachten, wenn sie eintreten, können wir einen Bereich aufdecken, der Aufmerksamkeit und Heilung braucht, damit wir größere Meisterschaft auf dem ersten Strahl erlangen können.

Kleine Schlüsselelemente der rechten Rede

Das Kehl-Chakra wird, während wir unsere Redeweise meistern, allmählich gereinigt und entwickelt. Eine gute Gelegenheit, seine Redeweise zu verfeinern, besteht darin, sich der Macht der Sprache bei allen Begegnungen bewusst zu sein und regelmäßig zu analysieren, was wir sagen. Indem wir uns spezifische Fragen in Bezug auf

> Konfuzius sagt[8]:
>
> Sich am Klatsch zu beteiligen, heißt, Vorzüglichkeit aufzugeben.[9]
>
> Belehrungen und dominantes Auftreten haben wenig mit dem Besten im Menschen zu tun.[10]

unsere verbalen Gewohnheiten stellen, können wir Ungleichgewichte identifizieren und daran arbeiten, sie zu verändern. Zu den Fragen, die wir uns stellen könnten, gehören zum Beispiel:

- Sage ich, was ich meine, und meine ich, was ich sage? Ständig?

- Bin ich jemals sarkastisch, klatsche ich über andere, verurteile ich sie oder bin ich zornig? Falls ja, wann? Warum?
- Ist es meine Gewohnheit, andere zu unterbrechen?
- Schreie ich andere manchmal an, oder fluche ich?

Elizabeth Clare Prophet gab uns ausgezeichnete Ratschläge, als sie unsere Sprechweise in einen Zusammenhang mit dem Gesetz des Karmas stellte - mit dem Gesetz des Kreislaufs, der alle Dinge zu uns zurückbringt. Sie sagte: »Achtet auf eure Sprechweise. Achtet darauf, was ihr zu anderen Menschen sagt, und fragt euch dann: ›Möchte ich derjenige sein, der zu hören bekommt, was ich gerade gesagt habe?‹ Und wenn ihr es nicht möchtet, denkt daran, dass ihr es früher oder später hören werdet, denn diese Worte werden zu euch zurückkommen. Und ihr könnt sehen, dass es viele Leben benötigen wird, bis all das nutzlose Geschwätz, das Menschen, die viel reden, von sich geben, durch die violette Flamme umgewandelt sein wird. Darum heißt es ja: ›Schweigen ist Gold!‹«[11]

Die Meisterung des Kehl-Chakras einschätzen

Ein Schlüsselelement in der Meisterung des ersten Strahls besteht in der Fähigkeit zu erkennen, wie man die Energie des Kehl-Chakras gebraucht. Die folgende Selbsteinschätzung ist so gestaltet, dass Sie Ihnen helfen kann, diese Eigenschaften zu bewerten und Schritte zu unternehmen, um jene zu stärken, die schwach sind. Sie basiert auf vier Hauptgebieten, zu denen uns die Aufgestiegenen Meister gesagt haben, dass sie die Grundlage des rechten Gebrauchs des Strahls von Gottes Willen bilden.

a) Rechte Rede praktizieren.
b) Den Wert des Schweigens erkennen.
c) Für die Wahrheit einstehen und wahr sprechen.
d) Die Macht des gesprochenen Wortes einsetzen, um konstruktive Veränderungen hervorzubringen.

Selbsteinschätzung: Mein Kehl-Chakra

1. Bewerten Sie, basierend auf Ihrer jetzigen Wahrnehmung, auf einer Skala von 1 bis 5 bitte die folgenden Aussagen. (1 bedeutet: »trifft überhaupt nicht auf mich zu«, 5 bedeutet: »trifft immer auf mich zu«.)

1 Trifft überhaupt nicht auf mich zu.

2 Trifft nur selten auf mich zu.

3 Trifft manchmal auf mich zu.

4 Trifft häufig auf mich zu.

5 Trifft immer auf mich zu.

a) Ich übe mich in rechter Rede.

Ich denke über die Wirkung meiner Worte auf andere nach, bevor ich etwas sage.

1 2 3 4 5

Ich vermeide müßiges Geplapper und sinnlose Diskussionen.

1	2	3	4	5

Meine Ausdrucksweise ist hilfreich, gütig und respektvoll.

1	2	3	4	5

Ich spreche klar, sachlich und komme auf den Punkt.

1	2	3	4	5

Ich vermeide es, Spaltungen herbeizuführen, indem ich tratsche, kritisiere oder über andere hinter deren Rücken rede.

1	2	3	4	5

b) Ich erkenne den Wert des Schweigens an.

Ich gestatte es mir, still zu sein, wenn ich im Augenblick nichts Wertvolles zu sagen habe.

1 2 3 4 5

Ich nehme mir einige Augenblicke Zeit, um still mein inneres Selbst zu kontaktieren, bevor ich spreche.

1 2 3 4 5

Ich zelebriere das Leben gelegentlich mit Pausen der Stille.

1 2 3 4 5

Ich weiß, wie ich schweigen und zuhören kann.

1	2	3	4	5

c) Ich spreche die Wahrheit und stehe für sie ein.

Ich spreche die Wahrheit auf ausgewogene und mitfühlende Weise, ohne anderen gegenüber schroff oder rücksichtslos zu sein.

1	2	3	4	5

Ich bin offen dafür, die Wahrheit über mich selbst zu erfahren.

1	2	3	4	5

Man kann sich darauf verlassen, dass ich den Mund aufmache, wenn etwas geändert werden muss.

1 2 3 4 5

Ich stelle Tatsachen unverzerrt und ohne Übertreibung dar.

1 2 3 4 5

d) Ich setze die Macht des gesprochenen Wortes ein, um konstruktive Veränderungen zu bewirken.

Ich bemühe mich, stets positiv über Menschen und Umstände zu reden.

1 2 3 4 5

Wenn ich ein Problem sehe, mache ich konstruktive Vorschläge, um eine Veränderung herbeizuführen.

1	2	3	4	5

Ich setze täglich Mantras, Affirmationen oder gesprochene Gebete ein, um in meinem Leben konstruktive Veränderungen herbeizuführen.

1	2	3	4	5

2. Nachdem Sie diesen Fragebogen ausgefüllt haben, addieren Sie Ihre Ergebnisse in allen vier Abschnitten und teilen Sie die Zahl dann durch die Anzahl der Aussagen, um einen Durchschnittswert zu bekommen.

3. Nutzen Sie den folgenden Aktionsplan, um eine persönliche Strategie zu formulieren, die Ihr Ergebnis in jedem Bereich verbessert, in dem der Durchschnittswert unter 3 lag.

Aktionsplan für das Kehl-Chakra

a) Ich übe mich in rechter Rede.

Ich nehme mir vor, mich auf diesem Gebiet zu verbessern, indem ich Folgendes tue:

b) Ich erkenne den Wert des Schweigens an.

Ich nehme mir vor, mich auf diesem Gebiet zu verbessern, indem ich Folgendes tue:

____

____

____

____

c) Ich spreche die Wahrheit und stehe für sie ein.

Ich nehme mir vor, mich auf diesem Gebiet zu verbessern, indem ich Folgendes tue:

____

____

____

____

d) Ich setze die Macht des gesprochenen Wortes ein, um konstruktive Veränderungen zu bewirken.

Ich nehme mir vor, mich auf diesem Gebiet zu verbessern, indem ich Folgendes tue:

4. Üben Sie die einzelnen Punkte drei Monate lang. Nehmen Sie danach wieder die Selbsteinschätzung vor, um zu sehen, ob Sie sich in den betreffenden Bereichen verbessert haben. Schreiben Sie die Veränderungen in Ihr Tagebuch.

Die Tugenden des ersten Strahls leben

Die heilige Therese von Lisieux war eine Nonne des Karmeliter-Ordens, die gegen Ende des 19. Jahrhunderts lebte. Während ihres Lebens traf sie viele bewusste Entscheidungen, um die Eigenschaften des ersten Strahls zu praktizieren. Sie war fest entschlossen, ihre Sprechweise zu kontrollieren, anderen mit wohlwollender Güte zu begegnen und in allem, was sie tat, nach Vollkommenheit zu streben. Sie zeigte gegenüber der Stimme ihres Christusselbst Gehorsam, und ihre Taten bewiesen einen enormen Glauben an den Willen Gottes. Die Aufgestiegenen Meister haben uns berichtet, dass sie nach jenem Leben aufgestiegen sei.

Die folgende Geschichte aus ihrer Autobiographie gewährt uns einen Einblick in ihre Einstellung und ihre Praxis. Schwester Therese schrieb: »In der Gemeinschaft gibt es eine Schwester, die es fertigbringt, mir in allem zu missfallen: in ihrer

Art, ihren Worten, ihrem Charakter. Alles an ihr ist mir vollkommen unsympathisch. Und doch ist sie tiefgläubig und muss Gott wohlgefallen. Da ich der natürlichen Abneigung, die ich verspüre, nicht nachgeben will, sagte ich mir, dass Barmherzigkeit sich nicht in Gefühlen äußert, sondern in Taten. Dann beschloss ich, für diese Schwester das zu tun, was ich auch für einen Menschen tun würde, den ich über alles liebe. Immer wenn ich ihr begegnete, betete ich für sie zu Gott und pries IHM gegenüber all ihre Tugenden und Vorzüge.«[12]

Therese berichtete weiter, dass sie nicht nur für die Schwester betete, die ihr so viele innere Kämpfe bescherte, sondern sich auch bemühte, ihr Gutes zu tun. Wenn sie sich versucht fühlte, harsche Widerworte zu geben, lächelte sie sie stattdessen an und wechselte das Thema. Sie »lief sogar weg wie ein Deserteur«, wenn sie dachte, dass sie gleich etwas Falsches tun oder sagen würde. Ihre Mitschwestern waren sich ihrer

Thérèse von Lisieux

Gefühle und Motive überhaupt nicht bewusst und fragten sie sogar, warum sie sich so zu der anderen hingezogen fühle und sie immer anlächele. Therese erklärte der Oberin, dass sie sich zu »Jesus, der in den Tiefen der Seele der anderen verborgen ist«, hingezogen fühle. Weiter sagte sie: »Ich antwortete, dass ich lächeln würde, weil ich glücklich war, sie zu sehen. (Ich muss wohl nicht erwähnen, dass ich nicht hinzufügte, dass dies von einem spirituellen Standpunkt aus zu sehen war.)«[13]

Diese Geschichte ist von ganz gewöhnlichen menschlichen Reaktionen geprägt, enthält aber gleichzeitig ein herzerwärmendes humoristisches Element. Sie zeigt zudem, dass Therese das Christusselbst ihrer Mitschwester erkannt hatte und sich auf dieses konzentrierte - statt auf ihre menschliche Persönlichkeit. Sie zeigt weiterhin, wie Therese in Begegnungen, die ihr eigentlich unangenehm waren, die Gelegenheit zum Wachstum ihrer Seele beim Schopf ergriff. Wir können ihr herausragendes Beispiel nutzen, um uns an die jedem Menschen innewohnende Göttlichkeit zu erinnern und um jede Begegnung als Gelegenheit zu begreifen, Selbstmeisterung auf dem ersten Strahl zu erlangen.

Praktische Anwendung: Ein Experiment zur Meisterung des ersten Strahls

Diese Übung setzt Thereses spirituelle Lebensphilosophie in die Praxis um. Sie kann Ihnen helfen, die Eigenschaften des blauen Strahls, wie Wohlwollen, Anpassung an den göttlichen Willen und das Streben nach Vollkommenheit, zu entwickeln und die Meisterung des Kehl-Chakras zu erreichen.

1. Suchen Sie sich einen Menschen aus, der Sie irritiert, Ihnen auf die Nerven geht oder dem Sie nur schwer irgendetwas recht machen können.
2. Immer wenn Sie diesen Menschen sehen oder mit ihm zu tun haben, segnen Sie ihn im Stillen.
3. Wenn Sie sich versucht fühlen, etwas Unfreundliches zu ihm zu sagen, lächeln Sie stattdessen oder sagen Sie etwas Nettes.

4. Wenn die Begegnung anfängt, Sie wütend zu machen, oder wenn Sie das Gefühl haben, dass Sie Ihre Gefühle nicht länger beherrschen können, entschuldigen Sie sich und gehen Sie, bis Sie wieder ruhig und zentriert sind.

5. Beobachten Sie Ihre Begegnungen mit diesem Menschen über einen längeren Zeitraum.

6. Schreiben Sie Ihre Beobachtungen in Ihr Tagebuch. Notieren Sie, welche Veränderungen sich bei Ihnen, beim anderen und in Ihrer Beziehung einstellen.

Zusätzliche Möglichkeiten, den blauen Strahl zu verstärken

Abgesehen von Ihrem bewussten Bemühen, den ersten Strahl zu meistern, können Sie dessen positive Merkmale auf einfache Weise verstärken. Dazu gehören das Tragen blauer Kleidung und spezieller Edelsteine oder das Anhören von Musik, die auf die Frequenz des ersten Strahls abgestimmt ist.

Tragen Sie die Farbe des Tages

Schüler der Aufgestiegenen Meister tragen manchmal spezielle Farben an bestimmten Tagen, zum Beispiel Blau am Dienstag.
Diese Praxis hat ihre Grundlage in der kosmischen Wissenschaft des »Strahls des Tages«. Alle sieben Strahlen werden täglich aus der großen Zentralsonne heraus freigesetzt, aber bestimmte

Tag	*Montag*	*Dienstag*	*Mittwoch*
Strahl	Dritter	Erster	Fünfter
Chakra	Herzchakra	Kehlchakra	Drittes Auge
Farbe	Rosa	Blau	Grün

Graphische Darstellung: Der Strahl des Tages

Tage weisen stärkere Konzentrationen bestimmter Strahlen auf. Daher kann jeder der sieben Strahlen an einem bestimmten Wochentag stärker gefühlt werden. Dieser Tag bietet somit spezielle Möglichkeiten, die Energien und Eigenschaften des betreffenden Strahls zu meistern und zu verstärken. Die Strahlen, die den einzelnen Wochentagen entsprechen, sind mit den entsprechenden

Donnerstag	*Freitag*	*Samstag*	*Sonntag*
Sechster	Vierter	Siebter	Zweiter
Solarplexus	Wirbelsäulenbasis	Sitz-der-Seele-Chakra	Kronenchakra
Violett / Gold	Weiß	Purpur	Gelb

Chakras und Farben in der obigen Tabelle aufgeführt.

Wie die Tabelle zeigt, ist die Energie des ersten Strahls dienstags am stärksten zu spüren. Der Aufgestiegene Meister Kuthumi sagt über diesen Strahl: »Blau (der erste Strahl) ist das Merkmal von Glauben, Verheißung, Beständigkeit, Macht, Stärke und von Gottes Ernst(haftigkeit). Er strömt aus dem gewaltigen Reservoir des Lichts in das Meer und den Himmel. Er ist der Segen des Dienstags für die Erde.«[14]

Nutzen Sie farbige Kleidung und Edelsteine, um die Energie des ersten Strahls zu verstärken

Eine einfache Methode, mehr von dem ersten Strahl anzuziehen und seine positiven Eigenschaften zu absorbieren, besteht darin, dienstags blaue Kleidung zu tragen. Man kann aber Blau auch jederzeit als Akzent oder Hauptfarbe für Wände oder Möbel zu Hause oder auf der Arbeit nutzen.

Edelsteine oder Kristalle können ebenfalls das Licht der sieben Strahlen verstärken. Sie sind molekulare Kelche, da sie Kristallstrukturen aufweisen, die große Mengen spirituellen Lichts speichern können. Bestimmte Edelsteine verstärken die besonderen Eigenschaften, die einem oder mehreren der sieben Strahlen entsprechen. Diamanten können benutzt werden, um die positiven Eigenschaften aller Strahlen zu intensivieren.

Diamanten, Lapislazuli und Saphire können eingesetzt werden, um den ersten Strahl zu verstärken. Diamanten sind Fokalpunkte der Eigenschaften des ersten Strahls wie göttlicher Wille, Stärke und Furchtlosigkeit. Lapislazuli bündelt die Eigenschaften des Schutzes, der Stärke, der Keuschheit und der Ausrichtung der Seele an ihrem inneren Bauplan. Saphire bündeln den Wunsch nach Spiritualität und Schutz während Prüfungen und Versuchungen. Wenn man diese Edelsteine trägt oder sie an dem eigenen heiligen Ort aufbewahrt, wird das Licht des blauen Strahls noch weiter verstärkt werden.

Stimmen Sie sich auf Musik ein, um das Kehl-Chakra zu entwickeln

Musik begleitet den Strom der Energie überall im Kosmos, sogar in den Zellen von Lebewesen. Sie beeinflusst die vier niederen Körper und das Temperament. Musik kann beruhigen, beleben, veredeln, erniedrigen oder philosophisch sein. Die Hörnerven sind äußerst sensibel und weisen die meisten Verbindungen im Körper auf. Es gibt kaum eine Funktion des menschlichen Körpers, die nicht durch musikalische Töne beeinflusst wird.

Bestimmte Instrumente korrespondieren zudem mit bestimmten Chakras und verstärken deren Energiefluss. Man kann die Kraft dieser Energiezentren verstärken, indem man Musik hört, welche die entsprechenden Chakras anregt. Im Falle des ersten Strahls kann man sich besser auf das Kehl-Chakra einstimmen, indem man Blasinstrumenten zuhört. Die Klänge von Trompete,

Posaune, Waldhorn und Tuba tragen dazu bei, seine Blütenblätter zu öffnen und auszudehnen. Musikstücke, in denen viele Blasinstrumente vorkommen, wie zum Beispiel die Märsche von John Philip Sousa[15], sind besonders gut geeignet, um dieses Zentrum anzuregen.

El Morya,
Chohan des ersten Strahls

Für das Verständnis des blauen Strahls ist es unerlässlich, dessen Eigenschaften zu begreifen und Kenntnis über El Morya zu erlangen. El Morya ist der Chohan - oder Herr - des ersten Strahls. Er qualifizierte sich für dieses Amt, nachdem er zunächst ein Chela (Schüler) der Aufgestiegenen Meister war und im Verlauf seiner Verkörperungen in vielen der Eigenschaften des ersten Strahls brillierte. Das Studium der Leben El Moryas kann uns helfen, ein besseres Verständnis der Merkmale des ersten Strahls zu erlangen und zu erkennen, wie man diese meistern kann, da wir darin einen ersten Eindruck von den Tiefen der Seele gewinnen, die sie lebte.

El Morya

Viele Leben, um Meisterschaft auf dem blauen Strahl zu erlangen

Eine der wichtigsten Verkörperungen El Moryas, die uns von der Großen Weißen Bruderschaft offenbart wurde, ist die des biblischen Patriarchen Abraham.[16] Abraham hatte so großes Vertrauen in den Willen Gottes, dass er, ohne zu wissen,

König Artus

wohin Gott ihn führen würde, seine Heimat verließ und sich auf die Suche nach einem unbekannten Land machte, das Gott ihm versprochen hatte. Der Verfasser der Hebräer-Briefe erzählt uns: »Durch den Glauben ward gehorsam Abraham, da er berufen ward, auszugehen in das Land, das er ererben sollte; und er ging aus und wusste nicht, wo er hinkäme. Durch den Glauben ist er ein Fremdling gewesen in dem verheißenen Lande als in einem fremden und wohnte in Hütten mit Isaak und Jakob, den Miterben derselben Verheißung; denn er wartete auf eine Stadt, die einen Grund hat, deren Baumeister und Schöpfer Gott ist.«[17] Abrahams starker Glaube und sein Gehorsam führten letztlich dazu, dass er »zum Vater vieler Völker«[18] wurde. Auch wurde er aufgrund seines Glaubens an Gott und seiner unerschütterlichen Rechtschaffenheit als »Freund Gottes«[19] bezeichnet.

El Morya war später als Melchior verkörpert, einem der drei Weisen, die aus dem Ur der Chaldäer nach Bethlehem kamen, um den Christus im neugeborenen Jesus zu ehren. Wieder gehorchte er dem Willen Gottes, als er dem Stern folgte, dessen Bedeutung er aufgrund seines Studiums der Wissenschaft der Astrologie verstanden hatte. Seine gewaltige Vision von Jesus führte dazu, dass er die Religion des universellen Christus in den folgenden Leben weiter ausübte.

Im fünften Jahrhundert verkörperte El Morya sich als Artus, König der Briten. Die Sendboten haben gelehrt, dass El Morya der Guru der Mysterienschule von Camelot war. Dort hütete er die Flamme der inneren Lehre - der heiligen Mysterien des Christus - und inspirierte die Ritter der Tafelrunde zu ihrer Suche nach dem Heiligen Gral. Der Heilige Gral symbolisierte den Kelch des geläuterten Herzens, in den das Licht des Christus hinabströmt. Die Suche nach dem Gral war daher in Wahrheit eine innere Suche nach der Wiedervereinigung mit dem Höheren Selbst. Artus' Triumphe über Tyrannen und sein Gebrauch der Macht für das Gute waren korrekte Machtausübungen des Willens Gottes für die Menschen und in deren Interesse.

El Morya war weiter im zwölften Jahrhundert als Thomas Becket verkörpert. In jenem Leben verteidigte er standhaft die Ehre und Integrität Gottes in vielen Auseinandersetzungen. König Heinrich II. ernannte ihn zum Lordkanzler Englands und später zum Erzbischof von Canterbury. Becket wusste aber, dass es ihm unmöglich sein würde, gleichzeitig ehrenvoll diese weltlichen und religiösen Ämter zu bekleiden. Als Freund König Heinrichs warnte Thomas ihn, dass er ihm nicht gleichzeitig als Kanzler und als Erzbischof würde dienen können. »Sollte Gott es mir gestatten, Erzbischof von Canterbury zu sein«, sagte er, »würde ich schon bald der Gunst Eurer Majestät verlustig gehen, und die Zuneigung, mit der Ihr mich ehrt, würde schon bald in Hass umschlagen.«[20] Als er zum Erzbischof ernannt wurde, trat er daher von seinem Posten als Kanzler zurück.

Er führte sein religiöses Amt gewissenhaft aus. Als Heinrichs Wünsche in Widerstreit mit den Interessen der Kirche gerieten, weigerte sich Becket zu tun, was Heinrich von ihm verlangte. Zu einer unvermeidbaren Konfrontation mit Heinrich kam es, als Becket sich weigerte, eine Exkommunizierung dreier rebellischer Bischöfe zurückzunehmen. Als der König davon hörte, tobte er vor Wut, und es heißt, er habe verlangt: »Will mich denn niemand von diesem Verräter Becket befreien?«[21]

Daraufhin begaben sich am 29. Dezember 1170 vier von Heinrichs Rittern nach Canterbury, wo sie den wehrlosen Becket brutal ermordeten, während er in der Kathedrale betete. Nach dem Tode Beckets wurden ihm zahlreiche Wunderheilungen zugeschrieben. Die Kirche sprach ihn innerhalb von drei Jahren heilig. Von nah und fern kamen Pilger, bis König Heinrich VIII. seine Grabstätte 1538 zerstören und seine Verehrung unterbinden ließ.

Die Wunder des Thomas Becket dauern bis in dieses Jahrhundert an. El Morya übermittelte 1995 ein Diktat, in dem er sagte, dass er sich als Thomas Becket für uns einsetzen wird, wenn wir ihn anrufen. Er bot an, sein heilendes Licht in unsere vier niederen Körper zu senden, um uns in größerem Ausmaß ganz zu machen.

»ICH BIN Morya von der Flamme ... Ich erinnere euch daran, dass ich immer noch Thomas Becket bleibe. Und ich erinnere euch daran, dass über die Jahrhunderte Pilger die Kathedrale von Canterbury aufgesucht haben, um nach meinem Märtyrertod um meine Fürbitte zu beten, und vollständige Heilung erlangt haben.

Daher sollt ihr wissen, dass ich immer der bleibe, der wünscht, jenes heilende Licht in eure Seele zu senden, damit sie den Weg mit dem nötigen Eifer gehen kann, dann das heilende Licht in eure Herzen zu senden, damit ein jedes Herz, das gebrochen wurde, wieder ganz gemacht werde und die Flamme höher emporlodern möge, und dann das heilende Licht in euren Verstand zu senden, damit die Spaltung und die fleischlichen Gelüste ausgelöscht sein mögen, und dann das heilende Licht in den Geist selbst zu senden, auf dass er gestärkt sein möge - dann, ihr Geliebten, das heilende Licht auf den Körper auszudehnen, denn mit diesen vier Punkten der Heilung kann der Körper in Übereinstimmung mit dem inneren Mann, der inneren Frau, dem inneren Kind gelangen.«[22]

Sie können diesen Dispens erproben, indem Sie, sooft Sie es wünschen, sagen: »El Morya, ich rufe dich als Thomas Becket an und bitte dich, dein heilendes Licht in meine Seele, mein Herz, meinen Verstand und meinen Geist zu senden. Möge dadurch mein Körper dem inneren Mann, der inneren Frau, dem inneren Kind entsprechen. Möge dies durch die Gnade Gottes und gemäß seinem Willen geschehen.«

Ein Mann zu jeder Jahreszeit: Thomas Morus

Mit dem Leben als Sir Thomas Morus beginnen wir ein etwas vertiefteres Studium dreier Verkörperungen El Moryas. Die nächsten drei Abschnitte dieses Kapitels beschreiben uns bekannte his-

Thomas Morus

torische Figuren und zeigen klar und deutlich, wie El Morya in seiner Meisterung der Eigenschaften des blauen Strahls brillierte. Sir Thomas Morus wurde 1478 in London geboren. Sein Leben ist durch eine außergewöhnliche Reinheit und eine hingebungsvolle Liebe gegenüber Gott und den Mitmenschen gekennzeichnet. Morus strebte danach, für die Verteidigung dessen zu

kämpfen, was er als rechtens empfand, und er bemühte sich nach Kräften, in den Fußspuren des göttlichen Willens zu wandeln.
Nachdem er in Oxford die Klassiker, Religion und Jura studiert hatte, begann er eine juristische Karriere, die ihn ins Parlament führte. Er dachte vier Jahre lang darüber nach, eine religiöse Laufbahn einzuschlagen, heiratete dann aber und hatte vier Kinder. Seine Familie wurde zu seiner größten Freude und schenkte ihm in späteren Jahren den größten Trost.
Die Mildtätigkeit von Morus war beachtlich und kam von Herzen. Er verteilte reichlich Almosen an die Armen und suchte selbst dunkle Gassen auf, um armen Familien zu helfen. Häufig lud er ärmere Nachbarn ein, mit seiner Familie zu speisen, aber nur selten lud er Reiche ein. Er hatte Wissenschaftler und gleichzeitig Bischöfe als Freunde. Er war ein geistreicher, reformorientierter Mann und hatte 1516 bereits sein berühmtes Buch *Utopia* geschrieben.

Er war ein enger Freund von Erasmus von Rotterdam, dem holländischen Humanisten, und stand auch in der Gunst König Heinrichs VIII., der ihn mit Missionen im Ausland betraute. 1529 ernannte der König ihn zum Lordkanzler Englands. Erasmus sagte in jenen Jahren über Morus: »In ernsten Angelegenheiten ist keines Mannes Ratschlag höher geschätzt, will sich der König aber vergnügen, so ist keines Mannes Unterhaltung heiterer. Häufig gibt es ernste, komplizierte Angelegenheiten, die nach einem ernsthaften und besonnenen Richter verlangen. Morus entwirrt sie auf eine Weise, die beide Seiten zufriedenstellt. Niemandem ist es aber jemals gelungen, ihn zu überreden, für seine Entscheidungen ein Geschenk anzunehmen. Wie glücklich kann sich ein Reich schätzen, in dem der König solche Beamten ernennt! Sein hoher Stand hat ihn nicht zum Stolz verleitet ... Man könnte sagen, er sei zum öffentlichen Hüter der Bedürftigen ernannt worden.«[23]

Der Beichtvater von Morus sprach von dessen außergewöhnlicher Frömmigkeit und Reinheit. Und doch, trotz seiner zahlreichen Tugenden, den Ehrungen und der königlichen Gunst, die er erlangt hatte, wusste Morus, dass es in seiner Stellung keine wirkliche Sicherheit gab.

Im Jahre 1532 sah sich Morus außerstande, Heinrichs Scheidung und dessen Widerstand gegen die Oberherrschaft des Papstes zu unterstützen. Auf dem Höhepunkt seiner Karriere und seines Ansehens reichte er seinen Rücktritt ein, um dem treu bleiben zu können, was er für richtig hielt. Danach lebte seine Familie in bitterer Armut, während er den Großteil seines restlichen Lebens damit zubrachte, Schriften zur Verteidigung der katholischen Kirche zu verfassen. 1534 weigerte sich Morus offen, König Heinrich als Oberhaupt der Kirche von England den Treueeid zu leisten. Dies führte zu seiner Einkerkerung im gefürchteten Tower von London. Er ertrug die Zeit im Gefängnis mit einem friedvollen Geist und fand Trost in der unerschütterlichen Liebe seiner Frau und seiner Kinder. Er blieb im Interesse der Wahrheit und der Ehre standhaft und wies alle Bemühungen seiner Familie und Freunde zurück, die ihn zu überzeugen versuchten, einen Eid zu leisten, der Heinrich besänftigen würde. Morus schrieb das edelste seiner religiösen Werke, den *Dialogue of Comfort Against Tribulation* (etwa: *Zwiegespräch des Trostes gegen den Kummer*), in der Einsamkeit der letzten Phase seiner Einkerkerung, als ihn niemand besuchen durfte.

Nach 15 Monaten im Kerker wurde Morus vor Gericht gestellt und des Verrates für schuldig befunden. Während seines Prozesses sagte er den Richtern, dass er nicht in der Lage sei, gegen sein Gewissen zu handeln, und dass er sich wünsche, dass »wir uns hernach im Himmel alle fröhlich begegnen und ewige Erlösung erlangen werden«[24]. Bei seiner Hinrichtung sagte Morus dem Scharfrichter und der zuschauenden Menge, dass er als

»des Königs treuer Diener, aber zuerst als Diener Gottes« sterben würde[25]. Morus wurde am 6. Juli 1535 enthauptet, von Papst Leo XIII. 1886 selig und 1935 heilig gesprochen. Im Jahre 2000 ernannte Papst Johannes Paul II. ihn zum Schutzpatron von Staatsmännern und Menschen in öffentlichen Ämtern.

Akbar, der Philosophenkönig

Die Seele El Moryas verbrachte nur sieben Jahre im außerkörperlichen Zustand, bevor sie sich 1542 als Akbar, dem größten der Mogul-Herrscher, wieder inkarnierte. Akbar stellt ein wunderbares Beispiel für den rechten Gebrauch der Macht dar, denn er bewies außerordentliche Führungsqualitäten, Wohlwollen und Hingabe an den Schöpfer und das Höhere Selbst des Menschen.
Mit 16 zum König ernannt, errichtete Akbar ein Reich, das Indien, Afghanistan und das heutige

Ja, ich möchte gerne weitere Informationen erhalten.

Bitte senden Sie mir Informationen

❍ per E-Mail *oder* ❍ per Post

❍ zum Verlagsprogramm

❍ zu den Novitäten

❍ zu Seminaren

Ihr Interesse wird belohnt!

Unter allen Einsendern verlosen wir monatlich 10 Exemplare unseres Buchtipps des Monats.

Einsendeschluss ist jeweils der 15. des laufenden Monats. Die Gewinner werden schriftlich benachrichtigt, der Rechtsweg ist ausgeschlossen.

Name, Vorname

Telefon

E-Mail

Straße, Hausnummer

Land, PLZ, Ort

Unterschrift

Ich erkläre mich damit einverstanden, dass der Verlag »Die Silberschnur« meine Daten zu Direktmarketingzwecken verwenden darf.

Pakistan umfasste. Seine Eroberungen machten ihn zum reichsten und mächtigsten Herrscher auf Erden. Er wurde von einem führenden Historiker als eines der wenigen erfolgreichen Beispiele von Platons »Philosophenkönig« beschrieben.

Akbar war mittelgroß und von kräftigem Körperbau, bewies eine gewaltige Ausdauer in der Schlacht, liebte Sport und bewies bei der Jagd Tapferkeit und Geschick. Trotz seines Reichtums, seiner Macht und seiner prunkvollen Umgebung blieb er ein Mann mit schlichten Gewohnheiten. Akbar aß nur wenig, und mindestens sechs Monate im Jahr nahm er kein Fleisch zu sich.

Seine Genialität war in militärischen, religiösen und sozialen Angelegenheiten ebenso offensichtlich wie in seiner Fähigkeit, über das Reich zu herrschen. Er etablierte ein effizientes und gerechtes Verwaltungs-, Steuer- und Rechtssystem. Akbar galt auch als Freund des gemeinen Volkes und ermutigte seine Untertanen, ihm ihre Beschwerden so vorzubringen, wie sie es auch bei einem Vater tun würden. Statt die besiegten Hindus auszulöschen, setzte er sie in seiner Regierung ein und nahm Hindu-Prinzessinnen zur Frau. Er beendete die Versklavung von Kriegsgefangenen und verbot diskriminierende Handlungen gegen Hindus. Akbar war überzeugt davon, dass er der von Gott ernannte Herrscher aller Menschen in seinem Reich war und dass er sie alle gleich behandeln müsse - gleichgültig welcher Religion oder Rasse sie auch angehören mochten. In Indien wird er als Vater der religiösen Toleranz betrachtet.

Akbar wollte seinem Volk nicht nur Frieden und Wohlstand bringen, er wollte es auch zu einer höheren Spiritualität führen. Den Angaben eines Hofchronisten zufolge war Akbars gesamtes Leben der Suche nach Wahrheit gewidmet. Er verhielt sich allen Religionen gegenüber tolerant, weil er die Unzulänglichkeiten des Islams als alleinige Religion erkannt hatte. Er hatte zudem erkannt, dass es unmöglich sein würde, das Land gut zu regieren und gleichzeitig an strikten muslimischen Vorschriften festzuhalten. Obwohl er die Ausübung des Christentums zuließ und eine persische Übersetzung der Evangelien in Auftrag gab, galt seine Loyalität weder dem christlichen Glauben noch irgendeinem anderen. Nach tiefer Meditation über den göttlichen Willen beschloss Akbar, das religiöse Leben des Landes zu vereinheitlichen. Nachdem er sieben Jahre lang die Weltreligionen studiert hatte, kam er zu dem Schluss, dass sie alle Beschränkungen, Vorurteile und Aberglauben aufwiesen.

Akbar lud Gelehrte aller Glaubensrichtungen der Welt zu einer Konferenz ein, denn er hegte die Hoffnung, er würde ihre Unterstützung für die Gründung einer universellen Religion erhalten. Wie vorherzusehen war, wiesen sie aber nur auf die Fehler der jeweils anderen Religionen hin. Akbar schlug daraufhin vor, das Beste jeder Religion zu nehmen und dieses zu einer einzigen zu vereinen. Er stellte seine Synthese der Wahrheit vor und nannte die neue Religion »göttlichen Glauben« oder »göttlichen Monotheismus«. Seine Untertanen, die an den alten Doktrinen hingen, fanden allerdings, dass die neue Religion Akbar einen beinahe göttlichen Status verleihen würde, und weigerten sich, ihn zu unterstützen. Mitglieder der neuen Religion grüßten einander mit den Worten »Allahu Akbar«, was so viel wie »Gott ist groß« bedeutet. Die korrekte Antwort lautete: »Jalla Jalaluhu«, was so viel wie »Prachtvoll ist seine Herrlichkeit« bedeutet. Aber »Allahu Akbar« konnte auch bedeuten: »Akbar ist Gott«, und die Antwort würde sich dann auf Akbar beziehen.

Da es nicht Art des Kaisers war, Gehorsam zu erzwingen, wandten sich nur wenige Menschen der neuen Religion zu. Akbar sah sich, im Zentrum eines Kreises von Anhängern an seinem Hof, die ihn als ihren spirituellen und politischen Guru anerkannten, der Opposition vieler Menschen - besonders von Muslimen - ausgesetzt.

Obwohl sich die Nation im Glanze seiner Herrschaft sonnte, folgte nach seinem Tod im Jahre 1605 der Niedergang.

Thomas Moore, der leidenschaftliche Dichter

In seinem Leben als Thomas Moore (1779–1852), einem irischen Dichter, der in Dublin geboren wurde, sehen wir eine weitere Seite der vielen Facetten von El Morya. Die Zärtlichkeit der literarischen Werke Moores offenbart eine intensive Liebe.

Moore zog nach London, nachdem er seinen Abschluss am *Trinity College* gemacht hatte. Während seiner Zeit dort, wurde er von einer literarischen patriotischen Leidenschaft ergriffen, als ein enger Freund während der Rebellion der *Society of United Irishmen* hingerichtet wurde. Wegen seines direkten Stils und seiner jugend-

Thomas Moore

lichen Art war er für die Sache der britischen Liberalen als geistreicher Satiriker nützlich. Seine literarischen Karikaturen waren von derselben Art wie die politischen Cartoons von heute. Er fürchtete sich nie davor, den Mund aufzumachen, und seine Gedichte schlagen die Seelen freiheitsliebender Menschen überall auf der Welt bis heute in ihren Bann.

Moore heiratete und hatte fünf Kinder, die alle vor ihm starben. Sein Herz war sehr sanftmütig, und er erlitt großen Kummer. Obwohl er den größten Teil seines Lebens in England verbrachte, ehrte seine wortgewaltige Prosa und Poesie doch meist Irland, und er gilt wegen seiner *Irish Melodies*, einer Sammlung von 130 vertonten Gedichten, von denen er einige selbst komponiert hatte, als der nationale Lyriker Irlands. Die bekannteste dieser romantischen Balladen heißt »Believe Me, If All Those Endearing Young Charms«, die er für seine geliebte Frau schrieb, die an den Pocken erkrankt war. Bis heute zeigt diese Ballade die Macht seiner leidenschaftlichen, unerschütterlichen Liebe.

Glaub mir, wenn all die lieben jungen Reize

Glaub mir, wenn all die lieben jungen
Reize, auf die ich heut so zärtlich blicke,
sich schon morgen wandeln und in
meinen Armen vergehen würden und

wie Feengaben verschwänden, du würdest immer noch verehrt werden wie du in diesem Moment bist. Sollte dein Liebreiz vergehen, wie er will, um die liebe Ruine würde jeder Wunsch meines Herzens sich dennoch grün ranken.

Nicht während Schönheit und Jugend deins sind und deine Wangen unberührt von jeder Träne, können Glut und Glaube einer Seele erkannt werden, durch welche die Zeit dich nur immer teurer werden lässt. Nein, das Herz, das wahrhaft liebte, vergisst niemals, es liebt weiter bis zum Schluss, wie die Sonnenblume sich ihrem Gott zuwendet, wenn er untergeht, mit demselben Blick, den sie hatte, als er aufging.

Das letzte Leben von El Morya

El Moryas letzter Auftritt auf der Bühne des Lebens war als El Morya Khan, einem Prinzen der Radschputen, gegen Ende des 19. Jahrhunderts. Er wurde als Meister M. bekannt und war gemeinsam mit Meister K. H. und anderen nichtaufgestiegenen und aufgestiegenen Adepten aus dem Himalaja Mitbegründer der Theosophischen Gesellschaft. Sie strebten danach, den Westen durch die theosophische Bewegung mit der Realität der unsichtbaren Welt und den Lehren der kosmischen Hierarchie vertraut zu machen. H. P. Blavatsky diente ihnen als Amanuensis.[26] Nachdem er die Anforderungen für seinen Aufstieg mehr als erfüllt hatte, verließ El Morya diese Welt gegen 1898. Er entschied sich aufzusteigen, um somit seinen Mitbrüdern und Mitschwestern auf dem Pfad noch besser dienen zu können.

Ein Reinkarnations-Puzzleteil

Drei der obigen Verkörperungen zeigen eindeutig, wie die Umstände in aufeinanderfolgenden Leben Seelen die Möglichkeit geben können, ihr Karma gemeinsam auszugleichen. Die Seele von El Morya wurde als Thomas Becket, Thomas Morus und El Morya Khan verkörpert. In parallelen Leben waren Heinrich II., Heinrich VIII. und H. P. Blavatsky ebenfalls Verkörperungen einer bestimmten Seele.

Extrem ähnliche Umstände sind in den Leben Beckets und Heinrichs II., Morus und Heinrichs VIII. offensichtlich. In beiden Verkörperungen entschied sich El Moryas Seele für Wahrheit, Ehre und Integrität, während sie sich in Ämtern befand, in denen sie der Seele von Heinrich diente. El Moryas Entscheidungen führten dazu, dass die beiden Heinrichs seinen Tod befahlen. In beiden Verkörperungen blieb El Moryas Seele dem Willen Gottes ergeben, und Heinrichs Seele rebellierte gegen diesen Willen. Während El Moryas Inkarnation als El Morya Khan reinkarnierte sich die Seele von Heinrich II. und Heinrich VIII. als H. P. Blavatsky. Dieses Mal widmete sie ihr Leben pflichtbewusst dem Dienst an El Morya und der Großen Weißen Bruderschaft als deren Amanuensis, wodurch sie einen Teil ihres vergangenen Karmas ausglich, das sie erzeugt hatte, als sie als Heinrich II. und Heinrich VIII. El Morya verraten hatte.

Die Personifizierung des ersten Strahls

Schüler der Aufgestiegenen Meister sehen in El Morya ein Beispiel für Verwirklichung auf dem ersten Strahl. Man kann viele Eigenschaften des blauen Strahls erkennen, die seine Leben durchziehen. Zu ihnen gehören:

- starke Hingabe an den Willen Gottes,

- hohe moralische Standards,
- ein ausgeprägter Sinn für Ehre,
- die Fähigkeit, den göttlichen Willen vom menschlichen Willen zu unterscheiden,
- Aufrichtigkeit, welche die Wahrheit auch im Angesicht weltlicher Macht und angesichts drohender Verarmung und Todesdrohungen ausspricht,
- die Fähigkeit zu führen und Macht sowohl in weltlichen wie in spirituellen Angelegenheiten gewissenhaft auszuüben,
- eine feurige Leidenschaftlichkeit der Seele, die alle inspiriert - von den Niedrigsten bis zu den Höchsten.

El Morya wandelte auf dem feinen Grat der Integrität des ersten Strahls in diesen Verkörperungen. Sein Streben kostete ihn mehr als einmal das Leben, aber in diesem Prozess erlangte er eine beeindruckende Meisterschaft der vielen Eigenschaften des blauen Strahls. In zweien seiner Verkörperungen wurde diese Meisterschaft öffentlich anerkannt. Als Thomas Becket und als Thomas Morus wurde er zum Heiligen erklärt. Seine Leben zeigen auch, wie eine Seele Meisterschaft auf den anderen Strahlen erlangen kann, während sie danach strebt, sich auf ihrem Hauptstrahl zu vervollkommnen. Man denke beispielsweise nur daran, wie die Seele von El Morya die Eigenschaften der anderen sechs Strahlen zeigte. Seine Seele drückte folgende Eigenschaften aus:

- unermessliche Weisheit (zweiter Strahl) und Liebe (dritter Strahl) als Thomas Moore,
- gewaltige Weisheit (zweiter Strahl) und große Reinheit von Herz und Hand (vierter Strahl) als Sir Thomas Morus,
- göttlich inspirierte Vision (fünfter Strahl) und Dienst an der Menschheit (sechster Strahl) als Akbar,

Dein Wille, o Gott, ist gut!

El Moryas Fiat

- Vertrauen auf die Freiheit der Seele (siebter Strahl) als Thomas Becket.

Während wir daran arbeiten, die sieben Strahlen zu meistern, können wir erkennen, wie sie miteinander verbunden sind. Das Leben eines Menschen gleicht einem Teppich, in dem die sieben Strahlen wie Fäden miteinander verwoben sind. Die Arbeit mit einem Strahl weitet sich auf die anderen aus und hat viele Berührungspunkte mit ihnen. Jeder Teppich ist anders und wurde aufgrund eines einzigartigen Planes erschaffen. Unsere Arbeit besteht darin, unseren persönlichen Lebensteppich so meisterhaft wie möglich zu weben.

El Moryas Refugium

El Moryas Refugium, der Tempel des Wohlwollens, befindet sich in der ätherischen Oktave über dem indischen Darjeeling. Das Refugium steht auf den Hängen des schneebedeckten Himalajas in der Nähe des Kangchendzönga. Dort gibt El Morya Unterricht in göttlicher Regierungsführung und dem Pfad der persönlichen Christusschaft, die durch Anpassung an den Willen Gottes sichtbar wird.

Angenommen, Sie würden des Nachts zu diesem Refugium reisen, so würden Sie die Kammern eines prachtvollen Tempels betreten, um von El Morya selbst oder von einem der Lehrer, die mit ihm arbeiten, unterrichtet zu werden. Diese Unterweisung findet manchmal in der Form von Gesprächen am Kaminfeuer statt. Wir wollen nun in unserer Vorstellung zum Refugium El Moryas reisen und an einem seiner berühmten Kamingespräche teilnehmen ...

Himalaya

Wir reisen in unserem ätherischen Körper, betreten die Bibliothek und setzen uns vor einem knisternden Kienholzfeuer auf bereitgestellte Polstersessel. Wir heben den Blick und sehen den Meister in seinem Lieblingssessel vor uns sitzen. Er beginnt damit, die Geschichte des Werkes der Großen Weißen Bruderschaft auf Erden zu erzählen. Er spricht von den Triumphen und Niederlagen in unseren persönlichen Leben und in den Evolutionen der Erde. Er erzählt von den

Zielen jener, die in Darjeeling dienen. Ihr Credo ist »Ich will«, und ihr einziges Trachten besteht darin, die Menschheit frei von Selbstbegrenzung, Engstirnigkeit und egozentriertem Bewusstsein zu sehen.

El Morya fordert uns auf, Chelas vom Willen Gottes zu werden. »Hier in Darjeeling«, sagt er, »bieten wir einen Intensivkurs in Chelaschaft und Einweihung für jene an, die bereit sind, ausdrücklich den Forderungen ihres eigenen Christusselbst zu folgen und darauf mit einer Flamme zu reagieren, die hoch emporlodert, und mit Augen, in denen die Feuer des Urteilsvermögens der Seele leuchten.«[27]

El Morya erzählt, dass schon viele durch die Türen Darjeelings gegangen sind. »Wir haben die Staatsmänner der Welt in unserem Refugium beherbergt, und wir haben den bescheidensten Chela empfangen. Wir haben all jene empfangen, deren Liebe für den Willen Gottes größer war als die Liebe zum Willen des niedrigeren Selbst.«[28]

Er spricht über jene, die im Refugium um Rat bitten, über Seelen »die in den Regierungen der Welt dienen, als Lehrer, Wissenschaftler und Musiker dienen, und über jene, die den Strom des Willens Gottes kontrollieren, der Macht ist, der Überfluss ist.«[29]

Nun hören wir den Ton einer uralten Glocke erklingen, und der Meister erklärt: »Dies ist ein Ruf an die Demütigen überall auf der Welt, an die Diener des Willens Gottes und an die Avantgarde, welche die Zivilisation in ein neues Zeitalter führen wird. Morya ruft die Chelas des heiligen Feuers herbei, die Adepten werden wollen, die Anhänger, die Freunde des Christus werden wollen, die Vertreter des Wortes der lebenden Wahrheit und die Nachfolger des Meisters.«[30]

Mit diesen Gedanken verabschiedet sich El Morya von uns: »Ich danke euch für eure Aufmerksamkeit; ich danke euch für eure Liebe zum Licht; ich danke euch für eure Anwesenheit hier, und ich bitte euch, daran zu denken, dass ich ein kosmisches Wesen bin, dass ich ein Aufgestiegener Meister bin, dass ich euer Freund bin, solange ihr den [göttlichen] Willen ehrt. Denn es gibt keine andere Macht im Universum, die handeln kann, außer dem Willen Gottes ... Danke und gute Nacht.«[31]

Beim Abschied erinnert uns El Morya daran, dass er darauf wartet, dass der Chela an seine Tür klopft. Heerscharen der Engel kommen nun, um uns nach diesem Ausflug in die ätherischen Reiche zu unseren physischen Körpern zurückzugeleiten. Wir verlassen Darjeeling mit tiefer Dankbarkeit im Herzen. Was für ein Privileg, einen wie El Morya kennenlernen zu dürfen! In der Kraft seiner Vision für die Zukunft entdecken wir den Willen, gottgleich zu sein.

Im Buch über Seelenreisen erfahren Sie Einzelheiten darüber, wie man nach Darjeeling und zu den Refugien der anderen Aufgestiegenen Meister reist; sie erhalten Anweisungen, wie man im ätherischen Körper während des Schlafes dorthin gelangt.

> Ihr müsst verstehen, dass der Wille Gottes ein heiliges Abenteuer ist.[32]
>
> El Morya

Ein unvergleichlicher Lehrer

Als Chohan des ersten Strahls ist El Morya für jeden Schüler ein unvergleichlicher Lehrer. In einigen seiner wichtigsten Lektionen geht es um den Willen Gottes. Er lehrt, dass der Wille Gottes in uns ist und dass er über alle Maßen gut ist. El Morya zeigt uns, dass die Absicht des Willens Gottes nicht darin besteht, die essenzielle Einheit oder die wahre Identität zu zerstören, sondern deren Realität zu vervielfachen. »Im Gegensatz zur menschlichen Auffassung strebt der Wille Gottes danach, den Menschen mit seinem unsterblichen Geburtsrecht auszustatten und ihn niemals seiner Freiheit zu berauben.«[33] Denn indem wir uns Gottes Willen angleichen und ihn akzeptieren, werden wir nach und nach mit dem Höheren Selbst wiedervereinigt.

Wenn wir Gottes Willen folgen, führt das dazu, dass wir den inneren Plan mit Leben erfüllen und unsere einzigartige Mission auf Erden ausführen können. Die Meister des blauen Strahls lehren stets, dass der Schüler Erfolg haben wird, wenn sein Wille eins mit dem Willen Gottes ist. Wenn dies richtig verstanden wird, bietet es einen Anreiz für jedes würdige Unterfangen und erzeugt von neuem eine Leidenschaft fürs Leben, die viele verloren haben.[34]

> Der Wille des Menschen ist nicht in der Lage, über das Selbst oder die Materie hinauszugehen, aber Hingabe an den höchsten Sinn erzeugt einen Willen, der Berge versetzen kann.[35]
>
> El Morya

Schlüsselelemente der Arbeit mit El Morya

El Morya hegt eine große Liebe für unsere Seelen und ist wahrlich entschlossen, uns zu helfen. Er versteht die Arbeit des spirituellen Weges und die komplexen Themen und Umstände, die damit zusammenhängen. Er kann uns über die vielen Hürden hinweghelfen, damit wir das Rennen des Aufstiegs gewinnen können, indem er uns ermutigt, immer weiter voranzuschreiten. Dies tut er mit seinen eigenen Worten: »Der Marsch aufwärts ist alle Mühen wert.«[36]

El Morya hat sein Herz und seinen Kausalkörper geöffnet und sich bereit erklärt, willige Schüler zu unterrichten. Am besten beginnt man einen ernsthaften Weg zur Selbstmeisterung, wenn man sein Angebot annimmt und von ihm lernt. Ein Schüler fragte Elizabeth Clare Prophet einmal, warum er zuerst zu El Morya gehen sollte, obwohl er eine stärkere Herzensverbindung zu einem anderen Meister spürte. Ihre Antwort lautete, dass der Wille Gottes an erster Stelle stehe. Man geht zu El Morya, um ein wahrer Chela des Willens Gottes zu werden. El Morya ist so gründlich in seiner disziplinierten Ausbildung, dass die Schüler mit anderen Meistern Beziehungen auf solider Grundlage eingehen können, wenn sie zuerst bei ihm studiert haben.

Die folgenden Schlüsselelemente mögen hilfreich für Sie sein, wenn Sie eine Beziehung zu diesem geliebten Chohan des ersten Strahls aufbauen oder weiterführen möchten.

1. **Studieren Sie El Moryas Klassiker *The Chela and the Path: Keys to Soul Mastery in the Aquarian Age*.**[37] El Moryas Worte, die der Sendbotin Elizabeth Clare Prophet diktiert wurden, werden Sie seinem Herzen näher bringen.

2. **Laden Sie El Morya ein, mit Ihnen zu arbeiten.** Das Gesetz des Kosmos in Bezug auf den freien Willen besagt, dass jene, die in der Hierarchie über Ihnen stehen, nicht in Ihr Leben treten können, es sei denn, sie werden von Ihnen darum gebeten. Eine andere Ausdrucksform dieses Prinzips ist: »Der Ruf erzwingt die Antwort.« Oder wie Jesus es sagte: »Bittet, so wird euch gegeben.«[38]

   - Sprechen Sie ein einfaches Gebet, und bitten Sie El Morya darin, in Ihr Leben zu treten und Sie darin zu unterweisen, die Eigenschaften des blauen Strahls zu meistern. Sie können Ihr eigenes Gebet verfassen oder dieses benutzen: »Geliebter El Morya, bitte tritt in mein Leben, und unterweise mich auf dem ersten Strahl. Hilf mir, dessen Eigenschaften zu meinen eigenen zu machen.« Wenn Sie wollen, können Sie diese Bitte jeden Tag aussprechen.

- Rufen Sie El Morya an, Ihnen in jeder Situation zu helfen, in der die Macht seines Kausalkörpers Ihnen jene Extraportion Energie geben kann, die Sie benötigen, um erfolgreich zu sein. Hier sind zwei Beispiele: »El Morya, bitte hilf mir, Geduld mit meinem Kind zu haben!« »El Morya, bitte gib mir den Mut, bei dieser Besprechung den Mund aufzumachen!«

3. **Rezitieren Sie Fiate, Dekrete oder Lieder, die dem Willen Gottes gewidmet sind.** Die Fiate »Dein Wille, o Gott, ist gut!« und »Nicht mein, sondern dein Wille geschehe!« können Sie auf den Willen Gottes und die Energien des ersten Strahls einstimmen.

4. **Hören Sie klassische Musik, welche die Gegenwart El Moryas herbeiruft.** *Pomp and Circumstance*, Militärmarsch Nummer 1 in D-Dur von Sir Edward Elgar ist El Moryas musikalisches Leitmotiv, und *Panis Angelicus* von César Franck ist eines seiner Lieblingslieder. Wenn Sie eines dieser Stücke hören, können Sie sich leichter auf sein Bewusstsein und auf die Leidenschaft und Zärtlichkeit seines Herzens einstimmen.

5. **Übergeben Sie Ihre Bürden und Probleme El Morya.** El Morya erweist seinen Chelas eine besondere Gunst, indem er ihr persönliches

Karma umwandelt. Das befreit sie, so dass sie der Welt durch ihren Dienst und das Rezitieren dynamischer Dekrete besser helfen können. Für jene, die von seinem Angebot Gebrauch machen möchten, gibt er die folgenden Anweisungen:

- Schreiben Sie Ihre persönlichen Sorgen und Anliegen auf ein Blatt Papier, und legen Sie dieses auf Ihr rechtes Knie, während Sie beten. Schreiben Sie auf die Liste alles, was Sie El Morya bitten würden, für Sie zu tun.

- Legen Sie eine Karte oder ein Bild von El Morya verdeckt oben auf die Liste. Legen Sie nun Ihre rechte Hand über das Bild und die Liste.

- Bitten Sie El Morya, die Führung über Ihre persönlichen Umstände zu übernehmen, und fassen Sie die Informationen auf Ihrer Liste kurz zusammen. (Sie können zu diesem Zweck natürlich auch eine Zusammenfassung auf eine Karte schreiben.)

- Fahren Sie mit Ihren Gebeten, Dekreten und Meditationen zur Lösung der wichtigsten Probleme der Welt in der Gewissheit fort, dass El Morya sich um Ihre Liste persönlicher Sorgen kümmern wird.

Die Sendbotin Elizabeth Clare Prophet sagte einmal: »Wenn wir dies jeden Tag tun, selbst nur für zwei oder drei Minuten, werden wir sehen, dass El Morya uns niemals im Stich lässt. Er wird die Rechnung unseres Karmas begleichen und uns auf dem Weg zu unserem Aufstieg führen. El Morya kann dies jetzt für uns besser als zu jeder anderen Zeit tun, weil er aufgestiegen und wahrhaft fähig ist, diese Welt am Laufen zu halten.«[39]

Ihre Einladung hat Folgen

Was können Sie erwarten, wenn Sie El Morya oder einen anderen Aufgestiegenen Meister in Ihr Leben einladen? Er wird kommen! Sie fragen nun vielleicht: »Ist das wirklich so einfach?« Ja, aber seine Hilfe und Gegenwart haben einen Preis: Sie müssen seine Energie auf positive Weise nutzen. Dies geschieht in Übereinstimmung mit dem kosmischen Gesetz. Wenn der Meister sieht, dass sich seine Chelas bemühen, ihre Sache ordentlich zu machen, selbst wenn sie manchmal Fehler begehen, wird er ihnen auch weiterhin seine Hilfe anbieten. Wenn sie sein heiliges Licht aber absichtlich oder wiederholt in negativer Art und Weise einsetzen, wird er sich still zurückziehen. Wenn Sie die Richtlinien dieses Buches in Bezug auf den Gebrauch der Energie des ersten Strahls und des Kehl-Chakras befolgen, kann dies ein erster Schritt zu einer langen und erfüllenden Beziehung mit El Morya, dem Chohan des ersten

Strahls, sein. Was können Sie außerdem erwarten, wenn Sie El Morya in Ihr Leben einladen? Erwarten Sie, dass Ihr heiliges Abenteuer nun ernsthaft voranschreitet, während er Ihre Seele in der wahren Meisterschaft unterweist.

> »Mögen meine Chelas für die Anmut
> und Güte ihrer Herzen bekannt sein,
> mit der sie sich um Trost, gütige Worte
> und interessante Kommentare über das
> Leben in Unterhaltungen kümmern,
> die konstruktiv, erhebend, adelnd und
> unterstützend sind und bei denen sich
> alle wohlfühlen. Duch ihr Beispiel werden sie selbst in jenen Edelmut erwecken,
> in denen der Funke schon viele Jahre
> nicht mehr gebrannt hat.«[40]
>
> El Morya

2.

Der Grosse Göttliche Lenker

Der Große Göttliche Lenker ist ein kosmisches Wesen, das die göttliche Lenkung für die Evolutionen der Erde verkörpert. »Großer Göttlicher Lenker« ist nicht sein richtiger Name, sondern vielmehr der Titel seines Amtes, das er in der Hierarchie innehat. Seine Aufgabe besteht darin, die Formel des Aufstiegs für die Söhne und Töchter Gottes durch die Macht seines herrlichen Kausalkörpers zu fokussieren. Da göttliche

Lenkung eindeutig die Notwendigkeit der Stunde sowohl für individuelle Seelen als auch für den Planeten insgesamt ist, stellt die Inspiration und Gegenwart dieses kosmischen Wesens ein Geschenk von unschätzbarem Wert dar.

Der Große Göttliche Lenker wurde anschaulich mit machtvollen goldgelben und saphirblauen Strahlen dargestellt, die von seinem gesamten Wesen ausgehen. Ein gewaltiges Licht strahlt durch alle seine Chakras, und sein Drittes Auge sendet einen mächtigen Lichtstrahl aus, der alles auf seinem Weg klar und hell macht. Er trägt fließende blaue Seidengewänder, die von einem juwelenbesetzten blauen Gürtel umfangen werden. Dieser Gürtel hat eine Art Schürze, die von seiner Taille bis zu den Knien reicht und der Schürze der Freimaurer ähnelt. Sie stellt ein Symbol seiner Verwirklichung und seiner Meisterung der niederen Chakras dar.

Der Große Göttliche Lenker ist ein Meister der blaustrahligen Schubkraft der Macht und Vollkommenheit Gottes. Daher kann er Menschen dabei helfen, den göttlichen Plan, der ihnen im Augenblick der Schöpfung eingraviert wurde, zu erfüllen. Außerdem hilft er den Schülern, die innere Stimme der göttlichen Führung und Zielsetzung in ihren Herzen zu hören. Als jenes Mitglied des Karmischen Direktoriums, das den ersten Strahl repräsentiert, dient der Große Göttliche Lenker den nichtaufgestiegenen Seelen, indem er ihnen hilft, Fortschritte bei der Erfüllung ihrer Lebensaufgabe zu machen. In dieser Rolle unterstützt er sie liebevoll dabei, vor ihrer Geburt ihren Lebensplan zu erstellen, und hilft ihnen voller Mitgefühl dabei, zwischen zwei Verkörperungen auf ihr Leben zurückzublicken. Da er den spirituellen Mantel von Gottes Führung und Macht innehat, kann der Große Göttliche Lenker die Motivation und den Antrieb der Seelen verstärken, damit sie ihre Ziele dem göttlichen Willen gemäß erreichen. Er hilft ihnen und ermutigt sie, alle Eigenschaften des blauen

Strahls zu entwickeln, die in diesem Buch beschrieben werden.

Obwohl die Aufgestiegenen Meister nur sehr wenig über die früheren Verkörperungen des Großen Göttlichen Lenkers offenbart haben, wissen wir, dass er bereits vor Äonen aufgestiegen ist. Er ist der Lehrer zweier sehr bekannter Aufgestiegener Meister: El Morya und Saint Germain. Tatsächlich ist er der Guru vieler Aufgestiegener Meister gewesen, und Saint Germain hat ihn als »Guru der Gurus« bezeichnet.

Der Große Göttliche Lenker ist ein Repräsentant Gottes und ein Vater für seine Chelas. Als alter Meister, der viele bei ihrem Aufstieg unterstützt, beschützt und geführt hat, gleicht er tatsächlich einem liebevollen Vater, der seinen Kindern die Schlüssel zu ihrem göttlichen Plan aushändigt. 1994 lud Gautama Buddha uns ein, den Großen Göttlichen Lenker ebenfalls als Vater anzunehmen. Dadurch werden auch wir, wie viele Aufgestiegene Meister, die er vor uns unterwiesen hat, in der vollständigen Gegenwart des Vater-Gottes ausgebildet und erzogen.

Abgesehen davon, dass er seine Chelas in Bezug auf den göttlichen Plan anleitet, arbeitet der Große Göttliche Lenker mit dem inneren Plan einer göttlichen Regierung für die Nationen der Erde. Im ätherischen Refugium im indischen Darjeeling fungiert er als Mitglied des Darjeeling-Konzils, das der Menschheit dabei hilft, den Willen Gottes zu akzeptieren. Der Große Göttliche Lenker unterweist die Seelen und bereitet sie darauf vor, in Regierung und Wirtschaft zu dienen. Er hilft Individuen dabei zu lernen, dass wahre Beherrschung ihres Selbst und der Nationen daraus entsteht, dass man nach dem Willen Gottes strebt und sich mit der wahren Realität der ICH-BIN-Gegenwart identifiziert. Er und das Darjeeling-Konzil wirken darauf hin, dass alle Menschen der Erde den inneren Christus als Grundlage von Religion und Erziehung und bei der Errichtung eines zukünftigen goldenen Zeitalters akzeptieren. Saint Germain hat gesagt, dass der Kausalkörper des Großen Göttlichen Lenkers »die Schlüssel für die neue Ordnung der Zeitalter« bewahrt.[41] Einer dieser Schlüssel ist seine Schirmherrschaft über eine sich neu verkörpernde Seelengruppe, die auf dem siebten Strahl dient und uns helfen wird, das Zeitalter der Erleuchtung einzuläuten. Die Meister haben uns gesagt, dass sich diese Seelen in Südamerika inkarnieren sollen. Der Große Göttliche Lenker fördert und unterstützt außerdem den göttlichen Plan für den afrikanischen Kontinent und die afroamerikanische Bevölkerung. Afrika war vor Äonen der Ort einer Zivilisation des goldenen Zeitalters. Die Bruderschaft hofft, dass Afrika wieder eine Kultur des goldenen Zeitalters hervorbringen wird, indem es den Lehren der Aufgestiegenen Meister folgt.

Das ätherische Refugium des Großen Göttlichen Lenkers befindet sich im Schloss der Rákóczi über den Karpaten in Transsylvanien in Rumänien. In einer früheren Verkörperung unterhielt er einen Tempel in Atlantis, wo ein Fokalpunkt der Flamme der Freiheit aufbewahrt wurde. Bevor der Kontinent unterging, brachten er und sein Schüler Saint Germain diese Flamme nach Transsylvanien. Dort etablierten sie ein neues Refugium und begründeten das Geschlecht der Rákóczi. Dieses Refugium befindet sich heute auf der ätherischen Ebene und bewahrt den Fokalpunkt der violetten Flamme für den gesamten europäischen Kontinent. Der Große Göttliche Lenker, der auch als Meister R (kurz für Rákóczi) bekannt ist, hat zudem ein privates ätherisches Refugium, die Höhle des Lichtes, im Herzen des Himalajas in Indien.

Er hat uns aufgefordert, ihn um Führung und Schutz anzurufen, da er in seinem Bewusstsein die Schriftrolle des göttlichen Planes für alle lebenden Seelen bewahrt. Elizabeth Clare Prophet hat zudem empfohlen, dass wir die Macht des Großen Göttlichen Lenkers anrufen, um unsere

Aura und Chakras in schwierigen Zeiten zu versiegeln.

Sie können seinen wundersamen blauen Gürtel, bedeckt mit herrlichen Juwelen, um Ihre Taille herum visualisieren. Stellen Sie sich vor, dass die glanzvolle Schürze nach unten reicht, um Ihre niederen Chakras vor negativen Energien zu schützen. Das neunmalige Rezitieren des folgenden Mantras kann Sie an seinen großen Kausalkörper des Lichts binden und Gottes Willen und seinen Schutz für Ihr Leben verstärken.

Göttlicher Lenker, komm,
versiegle mich in deinem Strahl.
Ich bitte dich, führe mich
mit deiner Liebe nach Hause.

Dein blauer Gürtel beschütze meine Welt,
deine prächtigen seltenen Juwelen
umhüllen meine Gestalt und schmücken sie
mit der Essenz deines Gebetes.

Divine Director, come,
Seal me in thy ray –
Guide me to my home
By thy love I pray!

Thy blue belt protect my world,
Thy dazzling jewels so rare
Surround my form and adorn
With essence of thy prayer!

3.

Die befreiende Macht des Wortes: Den Fluss des Wortes konzentrieren

Die Wissenschaft des gesprochenen Wortes stellt ein machtvolles Werkzeug dar, mit dem konstruktive Veränderungen herbeigeführt werden können. Wenn wir seinen Gebrauch meistern, wird es uns möglich, eine harmonischere Schwingung in unserem Bewusstsein und unserer Aura sowie in der Welt zu erzeugen. Die Aufgestiegenen Meister lehren uns, dass das Licht des gesamten Kosmos, der großen Zentralsonne und der ICH-BIN-Gegenwart hier und jetzt freigesetzt werden kann, um den Planeten durch diese spirituelle Wissenschaft zu verwandeln.

Die Wissenschaft des gesprochenen Wortes besteht aus vielen komplexen Elementen. Diese schließen die Technik oder den Stil der Ausführung sowie den Gebrauch von Konzentration und Visualisierung ein. Wenn wir unterschiedliche Techniken benutzen, um die Macht des gesprochenen Wortes zu fokussieren, erreichen wir unterschiedliche Ergebnisse. So können wir zum Beispiel Dekrete in Andacht oder als Sprechgesang rezitieren. Wir können das gesprochene Wort in Form von Affirmationen, Dekreten, Fiats und Mantras rezitieren. Durch den Einsatz von Konzentration und Visualisierung können wir die Kraft des Lichtes, das durch das gesprochene Wort freigesetzt wird, erheblich verstärken.

Ausdrucksformen des gesprochenen Wortes

Dekrete können langsam und voller Liebe rezitiert werden oder schnell, so dass die Worte wie ein Fluss dahinströmen. Der erste Stil ist der der Andacht, der zweite ist ein Sprechgesang. Die Entscheidung, welche Methode zu benutzen ist, hängt von den Bedürfnissen und Vorlieben jedes Einzelnen ab.

Der Andachtsstil ist gebetsartig und konzentriert sich auf das Licht des Herzens. Unabhängig von anderen Faktoren sollte die Aufmerksamkeit beim Rezitieren von Dekreten immer auf dem Herzen liegen, da die dreifältige Flamme, die dort wohnt, der Fokalpunkt von Gottes Macht, Weisheit und Liebe ist. Die Liebe des Herzens kann die Macht der Dekrete bis um das Tausendfache verstärken, und erfolgreiches Dekretieren ist wahrlich eine Art der Hingabe und Andacht. Aus diesem Grund sollte man ein Dekret immer damit beginnen,

dass man sich im Herzen zentriert und Kontakt zur dreifältigen Flamme herstellt.
Jedes Dekret kann in der Andachtsform rezitiert werden, um die Flamme des Herzens zu verstärken und die Intensität des freigesetzten Lichtes zu erhöhen. Häufig werden Dekrete zunächst langsam und liebevoll rezitiert, und dann wird das Tempo erhöht, während man auf das Herz eingestimmt bleibt. Dies ermöglicht es dem Feuer des Herzens, bei den schnelleren Dekreten einer intensiveren Wirkung Nahrung zu geben. So können diese zu machtvollen Lichtschwertern werden, die weise und im Interesse konstruktiver Veränderungen geschwungen werden.

Praxis des gesprochenen Wortes: Dekrete in Andacht und als Sprechgesang rezitieren

Teil 1: Das Dekret in Andacht

Manche Dekrete scheinen aufgrund ihrer Schreibweise andächtig zu sein. Ein Beispiel für ein Andachts-Dekret ist »ICH BIN ein Sohn Gottes«. Nehmen Sie sich einige Augenblicke Zeit, um den Andachts-Stil des Dekretierens zu üben.

1. Zentrieren Sie sich im Herzen, und richten Sie Ihre Aufmerksamkeit auf Ihre dreifältige Flamme.
2. Rezitieren Sie das folgende Dekret drei Mal, und überschütten Sie die Welt mit der Liebe Ihres Herzens, während Sie die Worte sprechen.

ICH BIN ein Sohn Gottes

ICH BIN ein Sohn[42] Gottes. Am heutigen Tag lade ich die Substanz in meinem Herzen, über die ich befehle, mit der Flamme der Liebe aus der Hand des allmächtigen Gottes auf. Ich sende sie von meinem Wesen in alle Richtungen aus, um das vollkommene Werk Gottes zu vollbringen und um zu mir mit all der göttlichen Liebe zurückzukehren, die ICH aussende.

I AM a Son of God

I AM a son of God. This day I AM charging the substance within my heart that is mine to command with the flame of love from the hand of Almighty God. I send it forth from my being everywhere in all directions to perform the perfect work of God and to return to me with all the divine love which I AM sending forth.

Teil 2: Das Dekret als Sprechgesang

Dekrete können auch als Sprechgesang rezitiert werden. Bei einem solchen Sprechgesang werden alle Worte in einer einzigen Tonlage gesprochen. Wenn wir das gesprochene Wort als Sprechgesang intonieren, stellt sich häufig eine natürliche Beschleunigung ein. Wenn Sie einigermaßen geübt sind, kann der Sprechgesang eine Anhebung der Tonlage bewirken, wobei Sie allmählich stufenweise die Tonleiter hinaufklettern. Eine solche natürliche Beschleunigung des Tempos und eine Erhöhung der Tonlage verstärken die Wirkung der Lichtenergie, solange Sie in Ihrem Herzen zentriert bleiben. Sie können beim folgenden Dekret sowohl die Andachts- als auch die Sprechgesangtechnik ausprobieren.

1. Zentrieren Sie sich im Herzen, und richten Sie Ihre Aufmerksamkeit auf Ihre dreifältige Flamme.

2. Rezitieren Sie das folgende Dekret drei Mal mit großer Hingabe, und überschütten Sie die Welt mit der Liebe Ihres Herzens, während Sie die Worte sprechen.

   Violettes Feuer, du göttliche Liebe,
   lodere in meinem Herzen auf!
   Du bist Gnade, ewiglich treu,
   halte mich stets im Einklang mit dir.

   Violet fire, thou love divine,
   Blaze within this heart of mine!
   Thou art mercy forever true,
   Keep me always in tune with you.

3. Rezitieren Sie das Dekret nun noch weitere sechs Male. Erhöhen Sie dann langsam die Tonlage und das Tempo, bis daraus ein fließender Sprechgesang wird.

4. Beenden Sie das Dekret, indem Sie AUM intonieren.

5. Haben Sie irgendwelche Unterschiede gemerkt, als Sie die beiden Arten des Dekretierens geübt haben? Schreiben Sie Ihre Wahrnehmungen in Ihr Tagebuch.

Mantras

Ein Mantra kann als Wort oder mystische Formel definiert werden, die rezitiert oder gesungen wird, um das Wirken des innewohnenden Geistes zu verstärken. Wenn Sie Mantras auf die richtige Art und Weise wiederholen, wird der eigene Geist schließlich zu seinem göttlichen Quell gebracht, zur Sphäre des potenziellen Klanges. Ist das Mantra einmal wahrhaft verinnerlicht, führt es zum Bewusstsein des Selbst als Selbst Gottes. Manche nennen diesen Zustand »kosmisches Bewusstsein«.

Die stete Wiederholung von Mantras oder Dekreten erzeugt anschwellende Wellen der Macht, welche die Wirkung eines Laserstrahls haben können, wenn sich einmal ein angemessener Rhythmus eingestellt hat. Wir können die Macht verstehen, die entsteht, wenn ein einzelner Mensch oder eine Gruppe ihre eigenen Klang-Laser durch Mantras erzeugen. So wie ein

Lichtstrahl solides Metall durchdringen kann, so kann ein korrekt erzeugter Strom mantrischer Klänge Materie umwandeln, Disharmonien beseitigen und die Dumpfheit des Verstandes auflösen.

Das Rezitieren des AUMs als Mantra kann einen Menschen in die Einheit mit dem Ewigen bringen. Auch andere Mantras können dies bewerkstelligen. Viele von ihnen stammen aus den religiösen Praktiken des Ostens wie Hinduismus und Buddhismus und sind auf Sanskrit oder Chinesisch formuliert. Das folgende buddhistische Mantra ruft die Weisheit der Prajaparamita-Schriften an. Es bedeutet so viel wie: »Gegangen, gegangen, ans andere Ufer gegangen, gänzlich hinübergelangt - Erleuchtung, heil!« oder »Fortschreiten, fortschreiten, weiter fortschreiten, vollkommen weiter fortschreiten - in Erleuchtung gegründet!« Wenn Sie es rezitieren, kann es Sie über die Illusion und das falsche Selbst hinausbefördern - und in die Realität und das Höhere

Selbst hinein. Rezitieren Sie es zwei bis drei Minuten lang als Sprechgesang, und beobachten Sie, welche Auswirkungen es auf Ihren Verstand hat.

Gate Gate Paragate Parasamgate Bodhi Svaha

Ein anderes Beispiel ist Saint Germains Mantra für das Wassermannzeitalter. Manchmal wird es als »Mantra der Freien« bezeichnet, da es Ihnen helfen kann, sich von den Fesseln des Karmas und des menschlichen Bewusstseins zu befreien und sich mit dem reinen, unbegrenzten Bewusstsein Gottes zu vereinen. Rezitieren Sie es zwei bis drei Minuten als Sprechgesang, und vergleichen Sie seine Wirkung mit dem des buddhistischen Mantras.

ICH BIN ein Wesen des violetten Feuers,

ICH BIN die Reinheit, die Gott wünscht.

I AM a being of violet fire – I AM the purity God desires!

Die Meister sagen, dass es durch das Aufsagen solcher Mantras auch möglich ist, sich von den Fesseln menschlicher Angst zu befreien. Der Aufgestiegene Meister Maitreya, der gegenwärtig das Amt des kosmischen Christus in der Hierarchie innehat, vergleicht die Dynamik der Angst mit einer Spule, die um den Kern eines Elektromagneten gewunden ist. Je mehr Windungen die Spule hat, desto stärker wird der Magnet. Wenn ein Mensch Angst hat, zieht er dadurch die Angst anderer Menschen an. Diese angezogenen Energien wirken wie zusätzliche Windungen und erzeugen so einen noch stärkeren Magneten, der noch mehr Angst anzieht. Maitreya sagt, dass es die Macht Gottes in der Wissenschaft des gesprochenen Wortes möglich macht, diese Spirale der Angst mit Mantras und Dekreten zu durchbrechen.

Konzentration und Visualisierung

Konzentration bedeutet, dass man seine Kräfte, Bemühungen oder Aufmerksamkeit auf einen bestimmten Gedanken oder Gegenstand richtet. Konzentration beim Rezitieren von Dekreten kann weitaus stärkere Resultate hervorbringen, als wenn die Aufmerksamkeit nicht zielgerichtet und die eigene Energie verstreut ist. Elizabeth Clare Prophet rät den Schülern, sich mit äußerster Willenskraft, mit ganzem Herzen, ganzem Verstand und ganzer Vorstellungskraft zu konzentrieren, wenn sie das gesprochene Wort einsetzen. Die wissenschaftlichen Grundlagen dieser Strategie sind einfach. Die Energien der ICH-BIN-Gegenwart bewegen sich über den Fluss der Aufmerksamkeit fort und füllen den Plan, der durch die Worte eines Dekretes umrissen ist. Wenn die Matrix klar ist, indem man sich auf die Bedeutung der Worte konzentriert oder sich die gewünschte Wirkung vorstellt, kann das Höhere

Selbst die gewünschten Ergebnisse leichter in der physischen Realität manifestieren. Die konzentrierte Aufmerksamkeit kann dazu beitragen, ein Bild zu malen, welches das herbeigerufene spirituelle Licht dann zum Leben erwecken kann. Natürlich fällt die Konzentration leichter, wenn das Rezitieren eines Dekrets frei von Unterbrechungen und Ablenkungen vonstattengeht.

Eine ausgezeichnete Möglichkeit, sich in Konzentration zu üben, besteht darin, seine mentale Energie auf die Worte des Dekrets zu richten. Die Worte sind wie Kelche des Lichtes. Werden Liebe und Macht in ihre Bedeutung hineingesandt, kann dies die erwünschten Ergebnisse leichter hervorbringen. Man kann sich auch jedes Wort oder jede Formulierung als Gedankenmuster vorstellen und dieses in Herz und Verstand aufrechterhalten. Auf diese Weise kann die Energie Gottes durch den Dekretierenden hindurchfließen, um die konzeptuelle Matrix zur Realität werden zu lassen.

Visualisierung ist eine andere machtvolle Technik, die dazu beitragen kann, den Plan, der durch das gesprochene Wort angerufen wird, zu verfestigen. Es ist einfach, ein Dekret auswendig zu lernen, wenn man es mehrmals aufgesagt hat. Wenn die Worte vertraut geworden sind, können Sie die Augen schließen und sich vorstellen, dass die gewünschte Wirkung eintritt.

Die folgende Übung nutzt das Lichtsäulendekret, um Ihnen zu helfen, Visualisierung und Konzentration zu üben. Die von der ICH-BIN-Gegenwart herabsteigende Lichtsäule besteht aus heiligem Feuer, das Sie sich als mächtigen Schild »flüssigen Lichtes« vorstellen können. Wird sie täglich angerufen, kann sie spirituellen, mentalen, emotionalen und physischen Schutz bieten. Wenn Sie sich diese spirituelle Säule als undurchdringlichen Zylinder strahlender Lichtenergie vorstellen, können Sie ein enorm starkes, schützendes Kraftfeld erzeugen.

Praxis des gesprochenen Wortes: Die Kurzversion des Lichtsäulen-Dekretes

1. Schließen Sie die Augen, und atmen Sie tief ein und aus, bis Sie ganz ruhig sind.

2. Konzentrieren Sie sich auf das Herz und die dreifältige Flamme, bis Sie das Gefühl haben, Ihre gesamte Energie sei dort konzentriert.

3. Stellen Sie sich die Lichtsäule von Ihrer ICH-BIN-Gegenwart als undurchdringlichen Zylinder aus flüssigem Licht mit einem Durchmesser von zirka drei Metern vor.

4. Konzentrieren Sie sich weiter auf Ihr Herz, stehen Sie auf und rezitieren Sie das Lichtsäulendekret voller Hingabe drei Mal, um seine intensive Energie zu vereinheitlichen.

Lichtsäule

Die Lichtsäule

Geliebte strahlende ICH-BIN-Gegenwart,
hülle mich in deine Säule des Lichts
aus Aufgestiegener Meister Flammen,
angerufen in Gottes eigenem Namen.
Halte meinen Tempel rein
von allem Übel, das nicht mein.

Ich rufe das violette Feuer herein,
möge alle Begierde brennen und verwandelt sein.
Im Namen der Freiheit schreite ich voran,
bis eins ICH BIN mit violetter Flamme dann.

Tube of Light

Beloved I AM Presence bright,
Round me seal your tube of light
From ascended master flame
Called forth now in God's own name.
Let it keep my temple free
From all discord sent to me.

I AM calling forth violet fire
To blaze and transmute all desire,
Keeping on in freedom's name
Till I AM one with the violet flame.

5. Rezitieren Sie das Dekret noch sechs Mal im Sprechgesang bei gleichbleibender Tonlage. Spüren Sie, wie Ihr Bewusstsein mit den Worten mit fließt und über sie hinausgeht, um eins mit dem Licht Ihrer machtvollen ICH-BIN-Gegenwart zu werden.
6. Setzen Sie sich, schließen Sie die Augen, atmen Sie mehrere Male tief durch und konzentrieren Sie sich wieder auf Ihre dreifältige Flamme.
7. Achten Sie auf das schützende Licht um sich herum. Schreiben Sie seine Eigenschaften und Merkmale in Ihr Tagebuch, und notieren Sie auch, wie Sie sich dabei fühlen.

Quellenangaben

1 James R. Ware: *The Sayings of Confucius*. New American Library, New York 1955, Seite 64, Spruch 26.

2 Markus 14,36 (Alle Bibelübersetzungen stammen, soweit nicht anders angegeben, aus der Luther-Bibel von 1545.)

3 Matthäus 22,21: »So gebet dem Kaiser, was des Kaisers ist, und Gott, was Gottes ist!«

4 William Shakespeare: *Hamlet, Prinz von Dänemark*. Erster Akt, dritte Szene, Zeile 78.

5 Sprüche 15,4.

6 Der edle achtfache Pfad besteht aus rechter Erkenntnis (Wissen), rechtem Denken (Streben), rechter Rede, rechtem Handeln (Verhalten), rechtem Lebenserwerb, rechter Anstrengung, rechter Achtsamkeit und rechter Konzentration (Versenkung).

7 Matthäus 15,11.

8 James R. Ware: *The Sayings of Confucius*. New American Library, New York 1955, Seite 111, Spruch 12.

9 James R. Ware: *The Sayings of Confucius*. New American Library, New York 1955, Seite 111, Spruch 12.

10 James R. Ware: *The Sayings of Confucius*. New American Library, New York 1955, Seite 112, Spruch 15.

11 *Pearls of Wisdom*, Band 35, Nummer 12, Seite 151.

12 Übersetzt aus John Clarke (Übersetzer): *Story of a Soul: The Autobiography of St. Thérèse of Lisieux*. ICS Publications, Washington D.C. 1975, Seite 222. (Auf Deutsch existieren *Selbstbiographische Schriften*. Johannes Verlag Einsiedeln, Freiburg 2003.)

13 Ebenda, Seite 223.

14 Mark L. Prophet und Elizabeth Clare Prophet: *The Science of the Spoken Word*. Summit University Press, Corwin Springs 1991, Seite 68.

15 Anm. d. Übers.: Amerikanischer Komponist (1854-1932), als »König der Marschmusik« bekannt, komponierte unter anderem den Marsch *Stars and Stripes Forever*, der quasi als zweite Nationalhymne der Vereinigten Staaten gilt.

16 Die Große Weiße Bruderschaft wird im siebten Kapitel der Offenbarung des Johannes als die große Schar der Heiligen, »angetan mit weißen Kleidern«, die vor dem Thron Gottes stehen, bezeichnet. (Weiß bezieht sich nicht auf die Rasse, sondern auf das weiße Licht, das in der Aura der Heiligen sichtbar ist.)

Diese erleuchteten Lehrer entstammen allen Rassen und Nationalitäten, allen Gesellschaftsschichten und allen Religionen.

17 Hebräer 11,8–10.

18 Römer 4,17.

19 Jakobus 2,23.

20 Mark L. Prophet und Elizabeth Clare Prophet: *Lords of the Seven Rays: Mirror of Consciousness. Book One.* Summit University Press, Corwin Springs 1986, Seite 52.

21 Ebenda.

22 *Pearls of Wisdom*, Band 35, Nummer 19, Seiten 247–248.

23 *Lives of Saints with Excerpts from Their Writings.* John J. Crawley & Co, New York 1954, Seiten 316–317.

24 Ebenda, Seite 322.

25 *Lives of the Saints.* Catholic Book Publishing, New York 1974, Seite 249.

26 *Amanuensis* bedeutet »Sekretär«. Dies ist nicht dasselbe wie ein Sendbote, sondern bezeichnet jemanden, der die Informationen, die ihm von einem nicht aufgestiegenen oder aufgestiegenen Adepten übermittelt werden, niederschreibt.

27 El Morya: *The Chela and the Path: Keys to Soul Mastery in the Aquarian Age.* Summit University Press, Corwin Springs 1976, Seiten 36–37.

28 El Morya am 10. April 1977. Zitiert in Mark L. Prophet und Elizabeth Clare Prophet: *The Lost Teachings of Jesus.*

Buch 3. Summit University Press, Corwin Springs 1994, Seite 133.

29 El Morya am 16. April 1976. Zitiert in *The Lost Teachings of Jesus*. Buch 3, Seite 134.

30 El Morya: *The Chela and the Path,* Seite 23.

31 El Morya: Morya: *The Darjeeling Master Speaks to His Chelas on the Quest for the Holy Grail*. Summit University Press, Corwin Springs 1982, Seiten 164–165.

32 El Morya: *The Sacred Adventure*. Summit University Press, Corwin Springs 1981, Seite 113.

33 *Pearls of Wisdom*. Band 12, Nummer 7, Seite 31.

34 Ebenda.

35 El Morya: *The Sacred Adventure,* Seite 107.

36 El Morya: *Keepers of the Flame Chapter 3*. Summit University Press, Corwin Springs 1973, Seite 7.

37 Das englische Buch: *The Chela and the Path* ist im amerikanischen Verlag *Summit University Press*, Corwin Springs, USA, +1 406 848–9500, oder als E-Buch erhältlich.

38 Matthäus 7,7.

39 *Pearls of Wisdom*. Band 41, Nummer 24, Seite 120.

40 *Pearls of Wisdom*. Band 29, Nummer 72, Seite 625.

41 *Pearls of Wisdom*. Band 24, Nummer 7, Seite 81.

42 Das Wort *Sohn* wird hier der Einfachheit halber benutzt und bezieht sich auf einen Sohn oder eine Tochter Gottes.

Über die Autoren

Mark L. Prophet und *Elizabeth Clare Prophet* sind Pioniere der modernen Spiritualität und international renommierte Autoren. Mehr als 40 Jahre haben die Prophets die Lehren der unsterblichen Heiligen und Weisen des Ostens und Westens veröffentlicht, die als die Aufgestiegenen Meister bekannt sind. Gemeinsam haben sie der Welt ein neues Verständnis des alten Wissens sowie einen Pfad des praktischen Mystizismus vermittelt. Ihre Bücher wurden in mehr als 30 Sprachen übersetzt und werden weltweit vertrieben.

Weiterführende Informationen zu
Büchern, Autoren und den Aktivitäten
des Silberschnur Verlages erhalten Sie unter:
www.silberschnur.de

Sie können uns alternativ
die beiliegende ***Postkarte*** zusenden.

Ihr Interesse wird belohnt!

Elizabeth Clare Prophet

Das Reich der Engel

Engel kündigen wichtige Ereignisse an, retten Seelen und bringen uns Initiationen. Sie dienen in jedem Bereich des Lebens, sie möchten uns helfen, erleuchten, trösten, inspirieren, heilen und vor Gefahren warnen. Sie sind die verlässlichsten Freunde, die man haben kann ... und in den himmlischen Reichen wartet ein ganzes Heer von Engeln nur darauf, als Antwort auf unsere von Herzen gesprochenen Gebete und Anrufungen auf die Erde kommen zu dürfen.
Elizabeth Clare und Mark Prophet haben einige unverzichtbare Schlüssel übermittelt, um diese hilfsbereiten Freunde des Lichts um ihre Unterstützung zu bitten. Indem wir ihre vielen praktischen Tipps anwenden, können wir die Engel bewusst in unseren Alltag integrieren und sie um Hilfe für uns anrufen.

144 Seiten, broschiert
ISBN 978-3-89845-338-7
€ [D] 6,95

Elizabeth Clare Prophet

Die kosmische Hierarchie

Dieses Einsteigerbuch zu den Weisheitslehren der Meister beschreibt die Existenz meisterlicher geistiger Wesen, die jenseits des Schleiers leben. Erfahren Sie mehr über die drei Reiche der kosmischen Hierarchie, den Kontakt zu kosmischen Wesen oder die Hierarchen der sieben Strahlen.
Vertiefen Sie sich in die verborgenen Dimensionen des Lebens, und lernen Sie von den Begegnungen mit den Meistern, wie auch Sie die göttlichen Eigenschaften des Willens, der Weisheit und der Liebe verkörpern können.

112 Seiten, broschiert
ISBN 978-3-89845-320-2
€ [D] 6,95

368 Seiten, Klappenbr.
ISBN 978-3-89845-286-1
€ [D] 16,90

Elizabeth Clare Prophet
Patricia R. Spadaro & Murray L. Steinman

Saint Germain und die Prophezeiungen für das neue Jahrtausend

Was können wir für die bevorstehenden Umbruchsjahre 2012 und 2025 erwarten? Der Bestsellerautorin Elizabeth Clare Prophet geht es darum, die Zeichen der Zeit zu verstehen. Sie zeigt, dass es in der Hand jedes Einzelnen von uns liegt, welche Zukunft wir uns kreieren.

»Saint Germain und die Prophezeiungen für das neue Jahrtausend« zeigt uns, wie wir ein wahrhaft goldenes Zeitalter erschaffen können.

192 Seiten, Klappenbr.
ISBN 978-3-89845-339-4
€ [D] 16,90

Elizabeth Clare Prophet

Die Lehren des Meisteralchemisten Saint Germain

Es gibt eine Bruderschaft des Lichtes, Wesen, die die irdische Schule erfolgreich absolviert haben und nun als Wegbereiter dienen, um uns auf den Weg zurück zu Gott zu führen. Saint Germain gehört diesem Bund an und ist der Meister der Freiheit, der uns lehrt, wie wir unsere Seelen befreien und uns aus der Kette der menschlichen Existenzen lösen können. Er weiht Seelen in die Wissenschaft und die Rituale der Alchemie ein, und er lehrt die Kunst der Transformation durch die violette Flamme. Lange schon wirkt Saint Germain, um die Menschen zu befreien ... und hier reicht er auch Ihnen seine Hand.

224 Seiten, Klappenbr.
ISBN 978-3-89845-304-2
€ [D] 16,90

Elizabeth Clare Prophet & Mark L. Prophet

Botschaften aus dem Lichtreich

Elizabeth Clare und Mark L. Prophet zählen in vielen Ländern zu den meistgelesenen Autoren. Dass dies kein Zufall ist, demonstrieren sie eindrucksvoll in diesem Buch, geschrieben für alle, die mithilfe von praktischen Anleitungen eine neue Dimension des Seins erlangen wollen. Die Autoren behandeln zentrale Themen ihrer Lehre wie die Aufgestiegenen Meister, die dreifältige Flamme des Herzens oder die kreative Kraft des Klanges.

Worauf warten Sie noch? Ein Buch der kleinen Schlüssel zu großen Türen – eine wundervolle Begegnung mit außergewöhnlichen Wegbereitern für ein neues kosmisches Bewusstsein.

192 Seiten, broschiert
ISBN 978-3-89845-287-8
€ [D] 6,95

Elizabeth Clare Prophet

Mit Elementarwesen arbeiten

Zum Wohle der Erde

In vergangenen Goldenen Zeitaltern arbeiteten die Naturgeister und die Menschen Hand in Hand, und die Erde glich einem Garten Eden ...

Doch dann kam eine Zeit, in der die Negativität des Menschen Eingang in die Welt fand und die Arbeit der Elementarwesen enorm erschwerte.

In diesem Buch werden Wege aufgezeigt, wie wir zurück zum »verlorenen Paradies« finden. Wir lernen, wieder im Einklang zu sein mit den Elementarwesen und sie in ihrer Arbeit zu unterstützen, um so erneut ein goldenes Zeitalter für uns einzuläuten.